KB121445

소심한 우리들,
ACT를 만나다!.

교실 속
흰곰심리학

글 남기택/김선혜 **감수** 이선영

Well Book
Well Life, Well Book

교실 속 흰곰심리학

1판 1쇄 발행_ 2023년 11월 30일

글 남기택 / 김선혜   **감수** 이선영

발행인 임종훈

디자인 인투

출력/인쇄 정우 P&P

주소 서울시 마포구 방울내로 11길 37 프리마빌딩 3층

주문/문의전화 02-6378-0010   **팩스** 02-6378-0011

홈페이지 http://www.wellbook.net

발행처 도서출판 웰북   **정가** 17,000원

ISBN 979-11-86296-91-2 03370

이 책은 충청남도교육청 '2023 미래를 이끄는 교원 책 출판지원사업'으로 기획 출간하였습니다.

소심한 우리들, ACT를 만나다!

교실 속
흰곰심리학

남기택, 김선혜 지음

WellBook

Well Life, Well Book

감수의 글

2013년 제가 미국에서 돌아와 수용-전념 치료자를 훈련하고 양성하는 일에 전념하던 중 2019년 이 책의 저자인 남기택 선생을 만나게 되었습니다. 저자가 처음 연구소에 찾아와 수용-전념 상담사 훈련 과정을 시작했을 때의 모습이 떠오릅니다. 낯선 공부를 처음 시작할 때 당연한 긴장감도 느껴졌지만 피곤함에 지쳐 다소 무기력해 보였던 표정에 마음이 쓰였던 것이 기억납니다.

이번에 책의 감수를 맡게 되며 들어 보니, 아마도 그때가 저자가 사명감을 안고 시작한 교직 생활에서 현실적으로 부딪히는 많은 어려움에 마음이 조금씩 지쳐가고 있던 시기가 아니었을까 생각됩니다. 아이러니하게도 그러한 곤란함을 겪었기에 ACT(수용-전념 치료)가 더 마음에 닿고, 스스로 더 공부하고자 하는 동기가 생기지 않았을까 생각이 됩니다.

이처럼 ACT는 우리가 삶에서 가치 있게 여기는 여정을 걸어갈 때 피할 수 없는 불안, 좌절 등 다양한 자신의 감정을 적으로 여기는 것이 아니라, 삶을 함께하는 동반자로 여기고 어떻게 여행을 계속할 수 있는지에 대한 증거 기반의 치료적 접근입니다.

이 책은 심리학을 전문적으로 전공한 ACT 전문가의 전공 서적이 아니라 교육자로서 저자가 ACT를 통해 변화되었던 자기 경험을 바탕으로 비슷한 상황에 부닥쳐 있는 동료들을 위해 쓴 수필이자 가이드북으로 받아들일 수 있기를 바랍니다.

다른 사람을 돕고 키워내는 일은 참 가치 있는 일이지만 끝없는 헌신을 요구하기에 그 길을 걷고 있는 스스로에게는 무심하게 되기도 하고, 지치고 힘들 때 자신을 돌보는 것이 어려워지기도 합니다. ACT는 고통의 순간에 다른 이를 제대로 돕기 위해서는 돌보는 사람으로서 자신을 보살피는 것이 얼마나 중요한지를 알려줍니다.

모쪼록 저자의 경험을 바탕으로 한 이 책이 절대 녹록지 않은 교육 환경에서 오늘도 헌신을 계속하고 있는 선생님들이 자신을 돌보아 각자의 여정을 계속하는 데 도움이 될 수 있기를 바랍니다.

이선영 서울 수용과 전념 치료 연구소 소장

목차

프롤로그 소심한 우리들, ACT를 만나다! 8

제1장 · 흰곰에 갇힌 교실

1. 교실 속, 흰곰을 만나다. 26
2. 불편한 생각과 감정을 없앨 수 있을까? 29
3. 최선을 다할수록 커지는 흰곰 35
4. 혼자가 아니라는 것을 느끼는 자비(compassion) 40
5. 파괴적 정상성 가정 43
6. 흰곰과의 씨름에서 벗어나기 49
7. 말을 먹고 자라는 흰곰 57
8. 말보다 큰 지금 이 순간! 61
9. 불편한 마음 수용하기 64
10. 흰곰을 ACT하기 70

제2장 · 흰곰 수용하기

1. 흰곰을 가둔 우리 열기 74
2. 괴물과의 줄다리기 78
3. 이상한 달리기 86
4. 우리를 가두는 말의 힘 91
5. 말 깨뜨리기 99
6. 생각과 거리 두기, 그리고 가치 찾기 111
7. '그러나' 또는 '그리고' 116
8. 마음의 북 울리기 124

제3장 · 흰곰과 중심 잡기

1. 한 번의 행동은 한 번의 행동일 뿐 내가 아니다 ⋯⋯⋯⋯⋯ **130**

2. 지금 이 순간, 마음 챙김 ⋯⋯⋯⋯⋯⋯⋯⋯⋯⋯⋯⋯⋯⋯ **138**

3. 마음은 말로 생각을 만든다 ⋯⋯⋯⋯⋯⋯⋯⋯⋯⋯⋯⋯⋯ **146**

4. 세 가지의 나 ⋯⋯⋯⋯⋯⋯⋯⋯⋯⋯⋯⋯⋯⋯⋯⋯⋯⋯⋯ **157**

5. 삶의 작은 변화 인식하기 ⋯⋯⋯⋯⋯⋯⋯⋯⋯⋯⋯⋯⋯⋯ **166**

6. 지금 이 순간을 살아가기 ⋯⋯⋯⋯⋯⋯⋯⋯⋯⋯⋯⋯⋯⋯ **175**

7. 흰곰과 중심 잡기 ⋯⋯⋯⋯⋯⋯⋯⋯⋯⋯⋯⋯⋯⋯⋯⋯⋯ **183**

제4장 · 흰곰과 가치 찾기

1. 삶의 가치는 멈출 수 있는 지점을 알려준다 ⋯⋯⋯⋯⋯⋯ **190**

2. 창조적 절망감, 가치를 찾는 여정의 시작 ⋯⋯⋯⋯⋯⋯⋯ **195**

3. 나를 불편하게 하는 감정은 삶의 가치를 일깨운다 ⋯⋯⋯ **200**

4. FEAR 넘어가기 ⋯⋯⋯⋯⋯⋯⋯⋯⋯⋯⋯⋯⋯⋯⋯⋯⋯⋯ **205**

5. 삶의 가치 찾기 ⋯⋯⋯⋯⋯⋯⋯⋯⋯⋯⋯⋯⋯⋯⋯⋯⋯⋯ **209**

6. 생각은 먼지 하나도 움직일 수 없지만
   행동은 적어도 나를 움직인다 ⋯⋯⋯⋯⋯⋯⋯⋯⋯⋯⋯⋯ **214**

에필로그 아플 때 필요한 건 자책이 아니라 위로다 ⋯⋯⋯ **218**

참고 도서 ⋯⋯⋯⋯⋯⋯⋯⋯⋯⋯⋯⋯⋯⋯⋯⋯⋯⋯⋯⋯ **221**

프롤로그

소심한 우리들,
ACT를 만나다!

'불편한 생각과 감정을 없앨 수 있을까?'

이 질문은 초등학교에 근무하면서 아이들과의 관계로 마음이 힘들 때 스스로 나에게 많이 던진 질문입니다. 아이들은 순수하기 때문에 솔직한 감정 표현으로 감동을 주기도 하지만 성숙하지 못한 말과 행동으로 상처를 주기도 합니다. 선생님도 사람인지라 상처를 받으면 움츠러들고 마음이 작아집니다. 아이들에게 받은 상처로 생긴 불편한 생각과 감정을 지우개로 지우듯 없애고 싶지만 한 번 생긴 생각과 감정은 쉽게 지워지지 않습니다.

아이들만 선생님에게 상처를 주는 것은 아닙니다. 선생님도 아이들에게 상처를 줍니다. 무심코 던진 한마디가 사춘기 예민한 아이들의 콤플렉스를 자극하기도 하고 자기를 혼내던 선생님의 화난 표정이 계속 생각나서 종일 괴롭기도 합니다. 잘못한 걸 알아도 꾸중을 들으면 야속하고 서운하게 느껴져서 괜히 선생님에게 툴툴대고 투정을 부리기도 하는 아이들의 마음은 있는 그대로 보일 만큼 하얗습니다.

소심(素心)한 아이들은 순수해서 조심스럽고, 소심(小心)해진 선생님은 아이들의 순수함으로 받은 상처에 힘이 듭니다. 잠시 떨어져서 감정을 추스를 수 있는 시간이 있으면 좋겠지만 초등학교는 중학교, 고등학교와 다르게 선생님과 아이들이 종일 같이 있어야 합니다. 수업 시간뿐만 아니라 쉬는 시간에도 함께 있어야 하고, 심지어 밥도 같이 먹어야 합니다. 그렇게 감정을 정리할 틈도 없이 서로에게 받은 상처가 마음에 남은 채 시간이 흘러 학년이 바뀌고 우연히 마주치면 얼굴을 피할 만큼 어색하기도 합니다. 소심(小心)한 선생님과 소심(素心)한 아이들이 한 번의 행동으로 서로를 단정 짓는 선입견에서 벗어나서 눈앞에 있는 서로에게 진심을 기울일 수 있는 실마리를 '수용-전념 치료(Acceptance-Commitment), ACT'에서 찾아보고자 합니다.

불안하고 우울하거나 무력감을 느끼면 우리는 불안, 우울, 그리고 무력감이 사라지길 바랍니다. 애써 괜찮다고 스스로 위로하거나, 고통스러운 감정에서 벗어나기 위해 최선을 다해봅니다. 하지만 그 감정들은 좀처럼 사라지지 않고 끈질긴 생명력으로 우리를 붙잡아 둡니다. 우리를 힘들게 하는 감정들을 경험할 때, 어떻게 하면 그 감정들에 걸려 넘어지지 않고 지금 이 순간을 온전히 살아갈 수 있을까요? 결론부터 이야기하면 고통스러운 생각, 감정, 그리고 기억을 경험하고 있는 순간의 자신을 탓하지 않고 따뜻하게 위로할 수 있어야 합니다. 이는 그 생각, 감정, 그리고 기억이 나의 전부가 아니며, 한 번의 행동은 다만 한 번의 행동일 뿐임을 경험하는 것에서 출발합니다. 부정적인 감정, 생각, 기억에서 벗어나거나 없애기 위해 써 온 시간과 힘을 눈앞에 있는 삶의 변화를 알아차리는 데 쓸 수 있을 때 마음에서 빠져나와 지금 이 순간에서 살아갈 수 있습니다.

불안할 때, 우리는 불안을 가라앉혀야 지금 이 순간 하고 싶은 것 또는 해야 하는 것을 할 수 있을 것 같아 불안에서 벗어나기 위해 최선을 다합니다. 마찬가지로 우울해서 무기력하면 기분이 나아질 때까지 아무것도 하지 않고 기다리거나 기분 전환을 할 수 있는 행동들을 하며 우울과 무기력이 사라지길 기다립니다. 불안, 우울, 그리고 무기력을 느끼는 것이 '문제'이기 때문에 그 감정을 경험하고 있는 상태를 '비정상'이라고 보고, 문제가 되는 감정들을 경험하는 순간의 '나'가 잘못되었다고 생각합니다. 하고 싶은 것 또는 해야 하는 것을 하기 위해서 그 감정들을 먼저 해결해야 한다고 믿습니다.

어떻게 하면 불안에서 벗어날 수 있을지 묻는 말에는 '불안이 문제다.'라는 의미가 함축되어 있습니다. 우리는 불안하기 때문에 일어나지도 않을 일을 걱정하거나 지나간 일을 후회하면서 지금 이 순간을 살지 못한다고 생각합니다. 또, 불안을 없애기 위해 최선을 다했음에도 여전히 불안한 자기 자신을 한심하거나 무능력하다고 탓하기도 합니다. 다른 사람들은 잘살고 있는데 자기 자신만 힘든 것 같은 소외감에 더욱 힘들어지기도 합니다.

불안하고 우울하고 무기력할 때 우리에게 필요한 것은 자책이 아니라 위로입니다. 자신에 관한 판단은 잠시 내려놓고 불안하고 무기력해져서 어쩔 줄 모르는 자기 자신을 알아차리고 위로할 수 있어야 똑같은 감정으로 힘들어하는 아이들에게 진심이 담긴 위로를 건네줄 수 있습니다. 이 위로는 불안, 우울, 좌절, 절망, 소외감 같은 감정들이 아이들뿐만 아니라 선생님에게도 똑같이 찾아온다는 당연한 사실을 경험하는 것에서 시작됩니다. 그 감정들로 힘들어하는 자기 자신을 자비롭게 받아들일 수 있을 때 우리는 아이들을 돕고자 한 처음 마음으로 돌아갈 수 있습니다.

우리를 힘들게 하는 감정들에서 벗어나거나 통제하기 위해 최선을 다했음에도 여전히 그 감정들로 고통스럽다면, 그 감정들을 다뤄온 방법들을 되돌아볼 필요가 있습니다. 앞서 이야기한 것처럼, 부정적인 감정을 경험할 때 우리는 그 감정들을 해결하고 나서야 지금 이 순간을 온전히 살아갈 수 있다고 믿어왔습니다. 이 믿음에 따라 불안, 우울, 좌절, 실망, 회의, 수치심, 부끄러움과 같은 부정적인 감정들을 만나면 통제하거나 벗어나려고 노력했습니다. 그럼에도 여전히 그 감정들을 마주칠 때마다 힘들어하는 자기 자신을 발견하면 아무 일 없이 잘 지내고 있는 것 같은 다른 사람들과 자신을 비교하면서 소외감을 느끼고, 무능력하고 한심한 자신을 탓하며 더 깊은 고통의 늪에 빠졌습니다.

감정을 통제하거나 불편한 감정에서 벗어나려는 시도가 실패했을 때, 대부분 사람들은 그 감정들을 다시 마주하는 것을 두려워합니다. 가슴이 막막해지는 불안과 우울, 공들여 노력한 것이 실패했을 때 경험하는 좌절과 실망, 그 실패를 다른 사람이 알았을 때 느끼는 수치심과 부끄러움, 그리고 다시 힘을 내어 문제를 해결하려 노력해도 상황이 나아지지 않을 것 같은 회의감 같은 감정을 좋아하는 사람은 없습니다.

불편한 감정을 통제하거나 그것에서 벗어나기 위해 노력하는 데 익숙해진 사람들은 고통스러운 감정을 경험하고 난 후, 그 감정들을 경험할 법할 상황들을 피하는 방향으로 행동합니다. 불편한 감정에서 벗어나거나 통제하려고 할수록 그 감정들을 더 강하게 경험하게 되고 감정을 의지와 노력의 대상으로 여길수록 그것에서 벗어나지 못하는 자신에게 결함이 있는 것처럼 여겨지기 때문입니다.

이 행동이 습관으로 굳어지면 우리는 힘든 감정들을 피할 수 있는 안전한 영역으로 삶의 테두리를 제한합니다.

어떤 일이나 관계에 실패했을 때 고통스러운 건 우리가 그만큼 그것을 중요하다고 생각했기 때문입니다. 그것들에 가치를 두지 않았다면, 다시 마주치고 싶지 않을 만큼 실망할 일도 좌절할 일도 없습니다. 가치를 둔 일 또는 관계에 최선을 다했지만, 뜻대로 되지 않았을 때 부정적인 감정을 경험하는 것은 자연스러운 일입니다. 자연스럽다고 해서 그 감정을 경험하는 것이 아프지 않다고 말하고 있는 것은 아닙니다. 다만 여기서 이야기하고 싶은 것은 지금까지 부정적인 감정에서 벗어나거나 통제하기 위해 해온 행동들이 우리를 더욱 힘들게 했다는 사실입니다.

부정적인 감정을 경험하는 것도 힘들지만 우리를 더욱 고통스럽게 하는 것은 불편한 감정을 피하려고 스스로 바람직하지 않다고 생각하는 행동을 반복하는 데 있습니다. 그 행동이 문제임을 알고 있음에도 계속하는 건 우리가 어리석거나 나약해서가 아닙니다. 다만 그 행동을 했을 때 잠깐이지만 불편한 감정에서 벗어날 수 있음을 경험했기 때문에 우리는 바보 같다고 생각하면서도 비슷한 상황이 오면 똑같은 행동을 합니다.

우리는 자신의 문제로 고민하는 사람보다 더 많은 시간을 들여 그 문제에 대해 고민할 수 없습니다. 다른 사람을 판단하는 데 익숙해지면 고통스러운 감정을 경험할 때 자기 자신을 자책하기 쉽습니다. 좌절, 우울, 불안과 같은 감정에 힘들어하는 자신을 의지가 약하거나 능력이 부족한 사람으로 판단하고 스스로 자신을 탓하게 됩니다.

불편한 감정의 빈도나 강도를 낮추려고 최선을 다했음에도 여전히 고통스럽다면 그 감정은 그 사람만의 문제가 아니라 우리가 모두 안고 있는 공통의 조건이라고 볼 수 있습니다. 따라서 문제는 불안, 우울, 좌절, 실망과 같은 불편한 감정이 아니라 통제할 수 없는 것을 통제하려고 하면서 실패했을 때 이를 자신의 탓으로 돌리는 데 있습니다.

우리를 불편하게 하는 감정에서 벗어나거나 없애기 위해 최선을 다했음에도 여전히 그 감정들을 경험하는 이유는 무엇일까요? 이 책에서 이야기할 수용-전념 치료(Acceptance-Commitment Therapy)에서는 진화심리학적 관점에서 불안과 우울 같은 감정들이 사라지지 않는 이유를 생존에 필요하기 때문이라고 말합니다(이선영, 2017).

불안, 우울, 좌절과 같은 불편한 감정은 '문제'가 아니라 '메시지'

입니다. 지금 이 순간 필요한 변화를 알아차리도록 우리를 움직이게 하는 '시그널'입니다. 이것이 수많은 세대를 거쳐 벗어나거나 통제하기 위해 그토록 애써온 감정들이 사라지지 않는 이유입니다. 변화가 강력하게 필요한 순간에는 불안, 우울과 같은 불편한 감정들이 더 절박하게 우리를 찾아옵니다. 따라서 불편한 감정, 생각, 그리고 기억이 떠오르고 또 그것들로 힘들어하는 건 내가 의지가 약하거나 능력이 부족해서가 아닙니다. 우리를 불편하게 하는 감정을 대하는 올바른 방법은 없애거나 통제하는 것이 아니라 그것들이 우리에게 무엇을 말하고 있는지 알아차리는 데 있습니다.

불편한 감정, 생각, 그리고 기억을 경험하는 것을 자연스러운 것으로 여기고 그것들에게서 벗어나거나 통제하기 위해 쓴 시간과 힘을 눈앞에 있는 삶을 살아가는 데 쓸 수 있다면, 나의 일부분과 싸우느라 눈치채지 못한 지금 이 순간의 변화 가능성을 볼 수 있습니다. 그 가능성은 불편한 감정, 생각, 그리고 기억을 피하려고 반복해 온 행동 말고 지금 이 순간 다른 선택을 할 수 있음을 알아차리는 것에서 시작됩니다.

그 선택은 마음에 떠오른 불편한 생각, 감정, 그리고 기억을 피하거나 없애려고 하지 않고 있는 그대로 받아들이는 '수용'입니다. '수용'은 가치를 둔 일 또는 관계가 시작될 때 자연스럽게 경험하는 불안 같은 감정과 지금 이 순간에 머물 수 있도록 도와줌으로써, 불편한 생각, 감정, 그리고 기억을 기꺼이 경험할 수 있도록 삶의 자세를 변화시키고 익숙한 삶의 장면에서 벗어나 낯설고 모호한 영역으로 한 걸음 나아갈 수 있는 자발성을 심어줍니다.

'수용'이 현명한 행동임을 알고 있어도 우리는 그동안 해온 행동을 쉽게 포기할 순 없습니다. 그 행동은 잠깐이지만 불편한 감정, 생각, 그리고 기억에서 벗어날 수 있도록 우리를 도와주었기 때문입니다. 그렇다고 해서 그 행동을 계속 반복할 수도 없습니다. 불편한 생각, 감정, 그리고 기억에서 벗어나기 위해 행동하더라도, 그 행동으로는 더 이상 도망칠 수 없는 순간이 오기 때문입니다. 이 순간, 자신을 탓하거나 판단하면 더 깊은 고통의 늪에 빠집니다. 늦었을 수도 있지만 그래서 더욱 우리를 아프고 힘들게 하는 감정, 생각, 그리고 기억을 있는 그대로 받아들여야 남아 있는 지금 이 순간의 삶의 가능성을 알아차릴 수 있습니다.

살다 보면 그때 알았으면 참 좋았을 것을 지나서야 알게 되는 순간이 많습니다. 그것을 알고 나서 돌이켜 보면, 그 순간 나에게 정답을 말해준 사람들이 분명히 있었습니다. 다만, 그때 그 이야기가 들리지 않은 것은 그 순간 마음에 떠오른 감정, 생각, 그리고 기억을 솔직하게 수용하지 못하고 그동안 반복해 온 익숙하고 편한 행동으로 그것들을 외면했기 때문입니다. 이때, 지나간 것에 대한 후회에만 빠져있으면 지금 이 순간 마음에 떠오르는 생각, 감정, 그리고 기억을 있는 그대로 받아들이지 못하고, 다시 현재는 미래의 아쉬움이 됩니다. 벗어나고 싶거나 외면하고 싶은 감정, 생각, 그리고 기억이 떠오를 때, 이것들을 해결하려고 서둘러 행동하지 말고 함께 머무르는 것이 지금 이 순간의 변화를 위한 시작이 됩니다.

불안과 우울 같은 감정과 싸우는 데 쓰던 시간과 힘을 지금 이 순간에 해야 할 것과 하고 싶은 것에 쓸 수 있을 때, 원하는 삶에 다가갈 수 있다는 것을 알아도 이를 행동으로 옮기긴 쉽지 않습니다. 불편한 생각, 감정, 그리고 기억에서 벗어나거나 통제하려고 노력하는 것이 변화의 시그널을 알아차리지 못하게 방해함을 알아도 그것들을 있는 그대로 받아들이는 것은 여전히 힘들고 고통스럽습니다. 늘 하던 행동으로 원하는 것을 얻지 못해도 당장 그 행동을 하는 것이 익숙하고 편하므로 스스로 바람직하지 않다고 여겨도 비슷한 상황에서 그 행동을 반복하는 것이 사람입니다. 다만 우리가 할 수 있는 일은 지금은 그때가 아니라는 상황을 '분별'하는 일이며, 고통스러운 순간 자기 자신을 자책하거나 판단하지 말고 따뜻하게 바라보는 것입니다.

교실에서 문제행동을 하는 아이에게 선생님이 큰 소리로 무섭게 화를 내면 그 아이는 무서움을 느끼고 하던 행동을 멈춥니다. 이 패턴이 몇 번 반복되면 처음에는 큰 소리에만 움츠러들던 아이가 선생님만 보면 불안해지기 시작합니다. 그러다가 선생님을 만나는 장소인 교실에만 들어와도 불안함을 느끼고 그 불안함을 잊기 위해 딴짓을 하다가 또 혼이 납니다. 나중에는 선생님과 관련된 것들만 봐도 가슴이 답답하고 화가 납니다. 그렇게 1년을 보내면 그 아이에게는 선생님, 교실, 학교가 불안, 분노, 초조함과 같은 부정적인 감정들과 연합이 됩니다. 아이는 자기 행동으로 매우 고통스럽기 때문에 자기 나름의 방식으로 고치려고 최선을 다합니다. 그러나 그 행동은 아이에게 어떤 방식으로든 기능했기 때문에 잘못되었다는 것을 알아도 쉽게 고쳐지지 않습니다.

선생님도 문제행동을 반복하는 학생을 보면 불안합니다. 불안하여서 아이가 문제행동을 할 때마다 더 크게 소리를 지르고 화를 냅니다. 쳇바퀴를 도는 다툼에 지친 선생님은 더 이상 아이를 채근하고 혼내는 것으로 문제가 해결되지 않음을 깨닫습니다. 방법을 달리해서 아이가 하는 사소한 긍정적인 행동에 칭찬하고 문제 행동을 할 때도 예전처럼 바로 화를 내지 않고 기다려 주거나 부드럽게 타일러도 봅니다. 쉽지는 않지만 인내하고 노력한 결과 선생님과 아이의 관계가 변하고 교실에는 오랜만에 평화가 찾아옵니다. 행동주의적 관점에서 아이에게는 선생님과 불안이라는 연합이 선생님에게는 아이와 불안이라는 연합이 소거된 것입니다. 그러나 소거는 선생님과 아이의 관계에 대한 완벽한 해답이 될 수 없습니다.

그 이유는 단 한 번의 자극으로도 연합이 자발적으로 회복되기 때문입니다. 선생님이 단 한 번이라도 문제행동을 하는 아이에게 다시 화를 낸다면 소거되었다고 믿었던 '선생님과 불안'이라는 연합이 살아납니다. 마찬가지로 선생님도 아이와 같은 사람이기 때문에 '아이와 불안'이라는 연합이 아이의 한 번의 문제행동으로 살아날 수 있습니다. 이때 과거의 불편했던 관계로 돌아가지 않기 위해서는 한 번의 꾸지람을 한 번의 꾸지람으로 한 번의 문제행동을 한 번의 문제행동으로 받아들여야 합니다. 한 번의 꾸지람과 한 번의 문제행동이 나의 전부가 아닌 일부분임을 알아차려야 합니다. 한 번의 행동을 한 번의 행동으로 경험하는 것이 수용-전념 치료에서 이야기하는 맥락을 분별하는 일이며 새로운 관계의 시작입니다.

한 사람의 문제에 대해 누구도 그 사람보다 오래 고민할 수 없기 때문에, 아이는 자신의 문제행동을 고칠 방법을 이미 알고 있을 수 있습니다. 방법을 알고 있음에도 그 행동을 반복하는 것은 의지가 약하거나 능력이 부족해서가 아니라 불안이라는 감정을 다룰 수 있는 다른 행동을 알지 못하기 때문입니다. 문제행동은 아이가 환경에 적응하기 위해 자기 나름의 방식으로 최선을 다한 결과이기 때문입니다.

새로운 행동을 배우는 첫걸음은 불안으로 힘들어하는 자신을 따뜻하게 바라보는 것에서 출발합니다. 한 번의 행동은 한 번의 행동일 뿐, 나의 전부가 아니라는 알아차림에서 비롯됩니다. 최선을 다해 노력했지만 아이가 다시 문제행동을 하면 아이뿐만 아니라 선생님도 회의감에 빠지고 노력한 만큼 실망과 좌절도 깊어집니다. 이때 필요한 것이 힘들어하는 자신을 탓하지 않고 따뜻하게 감싸주는 '자기-자비'입니다. 다시 시작된 아이의 문제행동을 어떻게 해야 할지 몰라서 불안하고 막막해하는 자기 자신에게 괜찮다고 말해줄 수 있어야 똑같은 감정으로 힘들어하고 있는 아이에게 진심이 담긴 위로를 건네줄 수 있습니다. 스스로 자신을 진심으로 위로하는 순간 자신에 관한 판단과 자책에서 빠져나와 지금 이 순간 함께 있는 아이에게 주의를 기울일 수 있기 때문입니다. 이처럼 아이에게 도움을 주기 위해서는 선생님도 불안하고 막막한 순간에 자기 자신을 따뜻하게 위로해 준 경험이 필요합니다.

힘든 순간 자신을 판단하거나 자책하지 않고 위로할 수 있을 때 선생님은 아이와의 관계에서 이전에 반복하던 행동을 하지 않을 수 있습니다. 아이의 문제행동에 대한 잘잘못을 따지면서 화를 내거나 꾸중하지 않고 아이의 표정과 눈빛을 살펴볼 여유를 가질 수 있습니다. 예전처럼 화를 내지 않는 선생님을 보면서 아이도 무언가 달라졌음을 느낍니다. 자신을 진정으로 보고 있다는 것을 느끼고 선생님이 칭찬해 주었을 때보다 더 깊은 위로를 받습니다. 그 순간, 그동안 서로 자신의 판단과 생각을 통해서 보아왔을 뿐 있는 그대로 본 적은 없었다는 걸 깨닫습니다. 이때 한 번의 행동은 한 번의 행동일 뿐 그 사람의 전부일 순 없음을 경험합니다. 이 경험이 선생님과 아이의 관계가 변화하는 시금석이 됩니다.

이 책에서는 교실에서 선생님과 아이의 새로운 관계를 위해 '수용-전념 치료'의 관점에서 무엇을 할 수 있는지 다소 낯선 시각에서 바라보고자 합니다. 어려움을 겪고 있는 아이들을 만나는 순간 선생님인 우리는 어떠한지 먼저 살펴보고자 합니다. 내 감정에 빛을 비출 수 있어야 다른 사람도 내가 어떤지 볼 수 있으며, 자기 자신의 내적사건을 스스로 중요하게 여겨야 다른 사람에게 주의를 기울일 수 있습니다.

이 빛은 불편한 생각, 감정, 그리고 기억이 떠올랐을 때 벗어나거나 통제하지 않고 있는 그대로 알아차릴 수 있도록 도와줍니다. 이 알아차림이 힘든 순간 자신을 탓하지 않고 위로하는 것이 '포기'나 '합리화'가 아님을 일깨우고, 불편하고 막막한 순간에 자신을 따뜻하게 바라볼 수 있는 여유를 줍니다. 진심으로 자신을 따뜻하게 위로할 수 있을 때, 아이들도 똑같이 힘들어하고 있음이 눈에 들어옵니다. 이 순간 문제행동의 옳고 그름과 사실의 맞고 틀림을 따지는 쳇바퀴에서 내려올 수 있습니다. 이기고 지는 싸움을 멈추고 지금 이 순간, 판단과 생각에서 빠져나와 상대방을 있는 그대로 바라볼 수 있습니다. 결함이나 실수는 상대방의 일부분일 뿐 전부가 아님을 받아들일 수 있습니다.

이 책에서 제시하는 '수용-전념 치료'적 관점의 조언들이 선생님과 아이의 관계에서 비롯되는 모든 문제에 대한 단 하나의 답이라고 생각하지는 않습니다. 다만 익숙한 방식으로 최선을 다했지만 여전히 문제가 해결되지 않을 때, 다른 길을 찾아갈 수 있는 작은 실마리가 되기를 바랍니다. 힘들고 고통스러운 순간 경험하는 생각, 감정, 그리고 기억에서 벗어나거나 통제하지 않고 있는 그대로 알아채는 것이 '합리화'나 '포기'가 아닌 진정한 '위로'임을 경험하기를 기원합니다.

이 책은 서울 수용과 전념 치료 연구소에서 ACT 치료 전문가 Training 과정을 이수한 경험을 바탕으로 쓰였으며 학교 현장에서 어려움을 겪고 있는 선생님들에게 도움이 될 수 있는 상담기법을 소개하고자 하는 취지에서 시작했습니다. 전문적인 심리 치료서

가 아닌 수용–전념 치료를 공부하면서 도움을 받은 경험을 풀어쓴 심리 교육서로 책을 읽고 관심이 있는 독자분께는 수용–전념 치료를 공부할 수 있는 ACT 치료 전문가 Training 과정을 추천해 드립니다. 아울러 본 책에 있는 '피부 안의 세상'과 '피부 밖의 세상', '혼자가 아니라는 것을 느끼는 자비', '파괴적 정상성 가정' 등의 용어는 〈꼭 알고 싶은 수용–전념 치료의 모든 것〉 '이선영 저'를 참고했음을 밝힙니다.

memo

제1장

흰곰에 갇힌 교실

1. 교실 속, 흰곰을 만나다.
2. 불편한 생각과 감정을 없앨 수 있을까?
3. 최선을 다할수록 커지는 흰곰
4. 혼자가 아니라는 것을 느끼는 자비(compassion)
5. 파괴적 정상성 가정
6. 흰곰과의 씨름에서 벗어나기
7. 말을 먹고 자라는 흰곰
8. 말보다 큰 지금 이 순간!
9. 불편한 마음 수용하기
10. 흰곰을 ACT하기

이 책에서는 '수용 – 전념 치료(Acceptance–Commitment Therapy)'를 교실에 적용해 보고자 합니다. 수용–전념 치료는 불편한 생각, 감정, 그리고 기억을 경험하는 것을 '비정상'이라고 보지 않습니다(이선영, 2017). 생각이나 감정과 같은 마음의 문제를 '능력'과 '의지'로 해결할 수 있다고 여기지 않습니다. 오히려 '비정상'은 불편한 생각, 감정, 그리고 기억들이 없는 상태를 '정상'이라고 보는 대다수 사람이 동의하는 전제에 있다고 봅니다. 마음에서 일어나는 생각, 감정, 그리고 기억은 지우개로 지우듯 지워지지도, 커다란 담요로 불을 끄듯 덮이지도 않습니다. 없애려고 최선을 다할수록 더 자주 경험하게 됩니다. 문제를 없애야 정상적으로 기능할 수 있다는 기존의 심리치료 입장은 이기고 지느냐의 싸움으로 우리를 데려가지만, 수용–전념 치료는 문제와 싸우느라 허비되는 힘을 우리가 원하는 삶에 사용할 수 있도록 시야를 넓혀줍니다.

01 | 교실 속, 흰곰을 만나다.

　사춘기가 시작되는 아이들은 흔들리는 감정의 파도에 멀미를 하고 선생님은 아이들의 그런 변화가 낯섭니다. 묻는 말에 대답도 하지 않고 선생님을 빤히 보거나 넘치는 화를 주체하지 못해 버릇없이 행동하는 아이들을 보면 선생님도 상처 받습니다.

　교실에서 장난을 심하게 치고 있는 두 남학생을 불러서 이야기하던 중에 마음 속 흰곰을 만났습니다. 장난을 치지 않았다고 거짓말을 하면서 말대답 하는 남자아이에게 선생님 말꼬리를 잡지 말라고 했더니 그 남자아이는 대뜸,

　"선생님도 말꼬리를 잡고 있잖아요!" 라고 하면서 대들었습니다.

　감정이 들끓고 있는 아이의 눈을 보면서 지금은 무슨 말을 해도 다툼밖에는 되지 않겠다는 생각이 들었습니다. 무섭게 화를 내고 아이들 앞에서 벌을 줘서 상황을 '해결'할 수 있었지만 함께 한 시간은 그 상황을 '수용'하라고 말해주었습니다.

교사로서의 당황과 무안함, 상황을 빨리 해결하고 싶은 조급함, 순간적으로 치밀어 오르는 화에 충분히 머무를 수 있도록 시간을 가졌습니다. 그 아이의 버릇없는 행동을 본 다른 아이들 앞에 교사로서 민망하고 부끄러워 화를 내고 벌을 줘서 난처한 상황에서 벗어나고 싶었지만 그렇게 하면 아이 안에 흰곰이 더 커져버릴 것 같았습니다.

불편한 감정과 생각에 머무르니 민망함과 조급함이 그 아이와 함께 한 다른 기억들에게 자리를 내주었습니다. 학기 초, 장난을 치다가 화가 나면 친구를 물어뜯거나 코피가 날 정도로 싸우기를 반복해서 하루가 멀다 하고 상담했을 때 일입니다. 이야기를 들어보면 잘못을 따질 것도 없는 사소한 장난에서 시작된 싸움이었습니다. 상담이 끝나면 반성도 하고 잘 지내다가도 화가 나면 앞뒤 가리지 않는 육탄전이 벌어지곤 했습니다. 반복되는 상황에 지친 어느날, 왜 자꾸 친구들과 싸우냐고 물어보니 그 아이는

*"선생님과 이야기하면 그 순간 해결된 것 같아도 결국 아무것도 바뀌지 않는 것 같아요."*라고 볼멘소리를 했습니다.

그럼 어떻게 하면 친구들과 싸우지 않고 지낼 수 있겠냐고 물어보니 그 아이는

*"스스로 달라져야지요."*라고 말했습니다. 평소 제가 그 친구의 이야기를 차분히 들어주면서 해주던 말이었습니다.

그 후 그 아이는 실제로 조금씩 달라졌습니다. 친구들과의 다툼도 잦아들었고, 저와의 거리도 조금 가까워졌습니다.

그 기억이 마음에 여유를 가져와 주었습니다. 그 아이에게도 그때의 일을 이야기해 주었습니다. 이야기를 들은 아이의 얼굴이 조금 부드러워졌습니다. 쳇바퀴를 돌던 대화에 생기가 돌고 말꼬리가 아닌 서로 상대방의 진심을 잡기 시작했습니다.

이 책에서 흰곰[1]은 피하고 싶은 불편한 생각, 감정, 그리고 기억들과 같은 사적 사건을 상징하며, 우리는 교실에서 다양한 흰곰을 만납니다. 흰곰을 쫓아내려고 할수록, 이기고 지느냐의 싸움에 갇혀서 서로의 모습을 제대로 마주하지 못합니다.

---

1) 본 책에서 흰곰은 하버드 대학교의 다니엘 위그너(Daniel Merton Wegner)가 '사고 억제의 역설적 효과'를 밝힌 실험에서 흰곰을 생각하라고 지시받은 그룹에 비해 흰곰을 생각하지 말라고 지시받은 그룹이 더 많이 흰곰을 떠올리게 되었다는 '흰곰 효과'에서 착안하여 불편한 생각, 감정, 그리고 기억들과 같은 부정적인 사적 사건을 상징하기 위해 비유적으로 사용한 단어입니다. '흰곰 효과'에서 말하는 흰곰은 학문적으로 '생각'을 억제하는 효과에 한정해서 이야기하는 것이지만, 본 책에서는 불편한 생각, 감정, 그리고 기억과 같은 사적 사건을 상징하기 위해 쓰였으며, 학문적인 표현이 아닌 비유적인 표현임을 밝힙니다.

02 | 불편한 생각과 감정을 없앨 수 있을까?

교실에서 함께 지내다 보면 선생님도 아이들도 본의 아니게 서로 상처를 주고 상처를 입을 때가 있습니다. 평소에는 대화로 해결되던 문제가 갑작스러운 갈등으로 폭발하기도 합니다. 평화로운 교실인 것으로 보이지만 한 공간에 많은 사람이 머물면서 나도 모르게 쌓인 감정들로 둑이 터지면 평화는 깨지고 불편한 생각과 감정이 자랍니다.

자다가도, 놀다가도, 먹다가도 불편한 생각과 감정이 떠오르면 약이 오르기도 하고 화가 나기도 합니다. 그 생각들이 없었으면 그 감정들을 다시는 느끼지 않았으면 좋겠다고 생각할수록 생각과 감정은 흰곰이 되어 버티고 커지고 더 많아집니다. 흰곰을 없애려고 할수록 교실은 흰곰에 갇히게 됩니다.

'수용-전념 치료(Acceptance-Commitment Therapy)'에서는 맥락을 분별하는 것이 치료의 시작이라고 봅니다(이선영, 2017).

맥락에는 '피부 밖의 세상'과 '피부 안의 세상'이 있습니다. 사람은 '피부 밖의 세상'과 '피부 안의 세상'을 동시에 살아갑니다. '피부 밖의 세상'은 물리적으로 존재하는 외적인 환경이고 '피부 안의 세상'은 생각, 감정, 그리고 기억들이 일어나는 개인 내적인 공간입니다. '피부 밖의 세상'과 '피부 안의 세상'은 맥락이 다르며 문제가 발생했을 때 적용되는 방법도 각각 다릅니다.

수업 시간을 예로 들어보겠습니다. 선생님과 아이들이 한 교실에 있습니다. 선생님은 수업 내용을 설명하고 아이들은 부지런히 공부합니다. 수업 시간이 얼마 남지 않았을 때 수업이 먼저 끝난 다른 반 아이들이 복도에서 웅성대는 소리가 들립니다. 소음을 줄이기 위해 선생님은 창문을 닫고 수업을 계속합니다.

여기서 '피부 밖의 세상'은 무엇일까요? 교실이라는 공간과 40분이라는 수업 시간, 수업을 일찍 마친 다른 반 아이들의 웅성거림, 복도로부터 들려오는 소음들이 외적으로 관찰할 수 있는 '피부 밖의 세상'입니다.

그렇다면 '피부 안의 세상'은 무엇일까요? '피부 안의 세상'은 선생님과 아이들 마음에서 일어나는 생각, 감정 그리고 기억들이니, 바깥에서 살펴볼 수는 없습니다. '우리 반도 빨리 수업이 끝났으면 좋겠다.'라는 생각일 수도 있고, '다른 반 친구들은 수업이 일찍 끝나서 부럽다.'라는 감정일 수 있습니다. 또는 선생님이 수업을 일찍 끝내주셨던 기억들일 수도 있습니다.

수업 중 들려온 소음과 함께 마음속 세상도 웅성거립니다. 창문을 닫는 것으로 '피부 밖의 세상'에서 들려오는 소리는 막을 수 있지만 '피부 안의 세상'의 웅성거림은 창문을 닫아서 소음을 작게 하는 것처럼 '문제를 해결하는 방식'으로는 작아지지 않습니다.

즉 '피부 밖의 세상'은 '문제를 해결하는 방식'으로 다룰 수 있지만 '피부 안의 세상'은 불편한 생각과 감정을 외면한다고 해서 그것들이 내는 소리를 줄일 수 없습니다. 아이들과 함께한 '피부 안의 세상'과 '피부 밖의 세상'이 다른 맥락임을 알 수 있는 경험적인 연습을 소개합니다(이선영, 2017).

경험적 연습 1 · 맥락을 분별하기

● **피부 밖의 세상**

1. 흰 종이에 1분 동안 낙서합니다.
2. 더러워진 종이를 깨끗하게 하는 방법을 생각해 봅니다.
3. 깨끗하게 지웁니다.
4. 이처럼 '피부 밖의 세상'은 문제를 해결하는 방법으로 다룰 수 있습니다.

'피부 밖의 세상'을 경험하는 활동에서 나누어준 흰 종이에 낙서하라고 했을 때 아이들은 신이 나서 그림을 그리기도 하고 멋대로 선을 긋기도 합니다. 1분이 지나고, 아이들에게 더러워진 종이를 깨끗하게 하는 방법이 무엇일지 물어보면

"지우개로 지워요!" 라고 이구동성으로 대답합니다. 지우개로 낙서를 깨끗하게 지우라고 하면 아이들은 선생님이 장난을 치시는 건가 의아해하지만 선생님의 진지한 표정에 자신들이 한 낙서를 열심히 지웁니다.

깨끗해진 종이에 이번에는 흰곰을 그려보라고 합니다. 낙서를 지우느라 고생한 아이들은 흰곰도 지워야 하냐고 물어봅니다. 흰곰은 지우지 않는다고 안심시킵니다. 아이들이 모두 흰곰을 그리면 눈을 감으라고 합니다.

친구와 나눈 이야기, 방학할 때 있었던 일들, 게임 또는 가족과 함께한 여행 등 자유롭게 생각할 시간을 1분 준다고 안내합니다. 단, 절대 방금 그린 흰곰만은 생각하면 안 된다고 규칙을 정합니다. 흰곰이 떠오를 때마다 손가락으로 세어보도록 합니다. 준비되었으면 1분 알람 타이머를 맞춘 뒤 활동을 시작합니다.

1분 동안, 흰곰을 한 번도 떠올리지 않은 아이는 없었습니다. 떠오른 흰곰을 세느라 열 손가락이 모자란 아이도 있었습니다. 아이들에게 낙서를 지울 때와 흰곰을 떠올리지 말아야 할 때의 차이점에 관해 물어보았을 때,

"낙서는 지울 수 있지만, 흰곰은 생각하지 말아야 한다고 생각할수록 자꾸만 생각났어요." 라고 대답했습니다.

이 활동으로 '피부 안의 세상'과 '피부 밖의 세상'의 맥락이 다름을 경험적으로 알 수 있습니다. '피부 밖의 세상'에서는 원하지 않는 것이 있다면 그것을 없애는 방법으로 문제를 해결할 수 있지만 '피

부 안의 세상'에서 발생하는 불편한 생각, 감정, 그리고 기억들은 그것들을 없애는 방식으로 다룰 수 없습니다. 문제는 '피부 밖의 세상'에서 적용되는 문제 해결 방법을 '피부 안의 세상'에 적용할 때 발생합니다.

03 | 최선을 다할수록 커지는 흰곰

앞에서 이야기한 것처럼, 이 책에서 이야기하는 흰곰은 우리가 경험하는 불편한 생각, 감정 그리고 기억들과 같은 내적 경험이며 '피부 안의 세상'에 속합니다. 낙서한 종이를 깨끗하게 지울 수 있는 '피부 밖의 세상'과는 달리, 흰곰을 떠올리지 않기 위해 최선을 다할수록 우리는 역설적으로 흰곰을 더 자주 만나게 되며 흰곰은 더욱 커지고 강해집니다.

'흰곰 효과'는 하버드대학교 사회심리학자인 다니엘 위그너 (Daniel M. Wegner)가 동료들과 한 연구에서 밝혀졌습니다. 이 실험에서, 흰곰을 떠올리지 말라고 지시받은 그룹이 흰곰을 생각한 빈도는 자유롭게 흰곰을 생각해도 좋다는 그룹보다 더 높았습니다.

이처럼 생각을 억누르려고 할수록 오히려 더 그 생각을 자주 경험하게 된다는 '사고 억제의 역설적 효과(paradoxical effects of thought suppression)'는 불편한 생각을 억누르는 것이 우리의 의지와 능력의 문제가 아님을 알려줍니다(이선영, 2017).

불편한 흰곰을 피하려 할수록 더욱 커지고 그렇다고 불편한 흰곰을 바라보는 것도 너무 힘이 들 때 교실에서 할 방법에는 어떤 것이 있을까요?

6학년임에도 불구하고 1학년 아이처럼 친구들과의 사소한 다툼까지 선생님에게 와서 이르는 아이가 있었습니다. 그 아이는 방금 일어난 일뿐만 아니라 예전에 다툰 일까지 한참을 열을 올리며 이야기하곤 했습니다. 분명 이야기의 시작은 쉬는 시간에 있었던 일인데 어느새 예전에 이야기해서 끝났다고 생각하는 일까지 끄집어내서 선생님을 곤란하게 하는 아이였습니다. 수업 시간이 다가와서 이야기를 끊고 자리에 돌아가라고 해도 생각에 빠진 아이는 자기 이야기만 하느라 수업 시간이 되었는지도 몰랐습니다.

생각에 빠지면 지금이 보이지 않습니다. 생각에 따라 나오는 감정들과 기억들이 점점 커져서 지금은 과거가 되고 의식은 '피부 안의 세상'에 잠깁니다.

'흰곰 실험'에서 살펴본 것처럼, 생각에 빠진 아이에게 그 생각을 하지 말라고 이야기하는 것은 효과가 없습니다. 방금 일만 이야기하라고 해도 이미 커져 버린 흰곰은 물러가지 않고 버팁니다. 시간이 아무리 많아도 그 아이의 이야기를 다 담을 순 없습니다. 커다란 흰곰 외에는 다른 것이 보이지 않는 아이에게는 어떻게 하는 것이 좋을까요?

먼저, 아이의 말을 잠깐 끊습니다. 그리고 손바닥을 펼쳐서 눈까지 가져가도록 하고 무엇이 보이냐고 물어봅니다. 아이는 당연히

"손바닥이 보입니다." 라고 대답합니다.

손바닥을 눈에서 최대한 멀리하고 어떤 것들이 보이냐고 물어보면,

"손바닥도 보이고, 선생님도 보이고, 친구들도 보여요." 라고 말합니다.

손바닥을 '생각'이라고 하고 지금 가지고 있는 생각을 조금 더 멀리해 보라고 합니다. '생각'을 하지 않기 위해 '억압'하는 것이 아닌 '생각'은 생각대로 둔 채 생각 외에 다른 것들도 있는지 볼 수 있는 경험을 해보게 하는 것이지요. 아이는 한참 열을 올리던 이야기를 중단하고 머뭇거리다가 자리로 돌아갑니다. 생각에만 빠져있을 때는 보이지 않던 수업을 기다리는 친구들을 보았기 때문입니다.

불편한 생각이 들었을 때 우리는 그것에 빠져서만 지낼 수는 없

습니다. 그렇다고 생각을 억누르려고만 한다면, 흰곰은 커지기만 합니다. 그때 우리가 할 수 있는 새로운 방법은 손바닥을 눈앞에서 멀리 두는 것처럼 흰곰을 우리의 시야에서 벗어나게 하지 않은 채 그 생각이 존재하는 순간에 있는 다른 풍경들도 함께 시야에 두는 것입니다. 손바닥을 머리 뒤에 감추거나 눈에 보이지 않도록 치워버리는 것이 아닙니다. 생각을 없애려는 싸움에서 이기느냐 지느냐의 문제가 아니라 생각이 나면 생각이 나도록 둔 채 지금 하는 일을 하는 것이 생각과의 싸움에 빠지지 않는 방법입니다.

수용–전념 치료에서는 불편한 생각과 감정 그리고 기억들이 문제라고 보지 않습니다. 뒤에서 더 이야기하겠지만 불편한 생각, 감정 그리고 기억들은 인간이라면 누구나 가지고 있는 조건이며 문제는 그것을 외면하기 위해 다른 행동으로 덮어버릴 때 발생합니다.

교실에서 우리를 작아지게 하는 경험들은 누구에게나 찾아옵니다. 우리는 그 경험들을 따라오는 생각, 감정, 그리고 기억들이 떠오를 때마다 외면하거나 억누르려고 최선을 다했지만 '흰곰 효과'에서 살펴본 것처럼 그럴수록 더 자주 흰곰을 만나게 됩니다.

이처럼 원치 않는 생각이나 감정을 경험하는 것은 의지와 능력의 문제가 아닙니다. 우리가 잘못해서 혹은 잘못되어서 그런 생각, 감정, 그리고 기억을 경험하는 것이 아닙니다.

여러분도 자꾸 머리에 떠오르는 흰곰이 있나요? 그러면 그 흰곰을 손바닥이라고 생각하고 눈앞까지 두었다가 천천히 멀리해 보는 연습을 해봅시다. 멀리 한 손바닥만 보지 말고 지금 이 순간 함께하고 있는 다른 풍경도 잠시 바라볼 수 있는 시간을 가져보세요. 그리고 다시 손바닥을 봅니다. 손바닥을 눈앞에 두었을 때보다 커 보이나요? 손바닥의 크기는 변하지 않았음을 기억합니다.

04 | 혼자가 아니라는 것을 느끼는 자비(compassion)

교실에서 경험할 수 있는 불안, 실망과 같은 불편한 흰곰은 누구에게나 찾아옵니다. 불편한 흰곰을 만났을 때, 스스로 자신을 소외시켜 힘들어하지 않도록 '혼자가 아니라는 것을 느끼는 자비'를 경험할 수 있는 활동을 소개합니다(이선영, 2017).

경험적 연습 2 · 혼자가 아니라는 것을 느끼는 자비

1. 눈을 감습니다.
2. 친구와 다투었을 때, 다른 사람과 나를 비교해서 내가 실망스럽게 느껴질 때, 혹은 이유 없이 마음이 무겁거나 가라앉을 때가 있었나요?
3. 내가 작아지고 볼품없이 느껴지거나 다른 사람한테는 사소할 것 같은 고민으로 힘든 적이 있는지 생각해 봅니다.
4. 그런 생각이 든 사람은 조용히 손을 듭니다.
5. 눈을 뜨고 주변을 둘러봅니다.

※ 이선영(2017). (꼭 알고 싶은) 수용–전념 치료의 모든 것.
  서울: 소울메이트. '〈연습 1〉 손을 들어보세요!' 참고

아이들이 솔직해질 수 있도록 어떤 일로 손을 들었는지 물어보지 않는다고 미리 안내합니다. 눈을 감은 아이들은 자신이 작아지는 순간, 혹은 원치 않는 생각이나 감정을 경험한 기억을 떠올리며 손을 듭니다. 손을 바로 드는 아이도 있고 눈치를 보며 손을 조금만 드는 친구도 있습니다. 대부분 아이들은 손을 듭니다.

더 이상 손을 드는 친구가 없으면 아이들에게 눈을 뜨라고 합니다. 주변을 둘러본 아이들은 생각보다 많은 손이 올라와 있는 것에 놀랍니다. 앞을 본 아이들은 한 번 더 놀랍니다. 선생님도 솔직하게 손을 들었기 때문입니다.

물론, 다른 사람이 나와같이 힘들다고 해서 내가 가진 문제가 해결되진 않습니다. 다른 사람도 나와 같은 불안과 실망을 겪었다고 해서 내가 경험한 불안과 실망이 작아지는 것도 아닙니다.

다만 아무 고민도 없이 잘 지내고 있는 것 같은 친구나 평소 부럽던 친구들도 내가 만나는 흰곰을 똑같이 만난다는 사실에 위로 받을 수 있습니다. 불안, 실망, 그리고 좌절과 같은 감정들을 모두가 경험한다는 깨달음은 나만 그런 경험을 하는 것 같은 '소외감'에서 벗어날 수 있도록 도와줍니다.

고통스러운 경험은 우리를 아프게 합니다. 우리를 더욱 괴롭게 하는 것은 끊임없이 우리를 찾아오는 그 순간의 경험을 다시 되새기는 내 자신의 무능력한 모습을 자책하는 데 있습니다. 솔직하게 손을 든 선생님은 그런 감정들을 경험하는 것이 '의지'와 '능력'의 문제가 아니라는 사실을 아이들이 깨달을 수 있도록 도와줍니다.

05 | 파괴적 정상성 가정

'혼자가 아니라는 것을 느끼는 자비(compassion)'에서 알 수 있듯이 불편한 생각, 감정 그리고 기억을 가지지 않고 살아가는 사람은 없습니다. 움츠러들고 작아지는 순간 느끼는 무력감, 수치심, 불안, 그리고 실망과 같은 감정은 누구나 경험합니다. 객관적인 아픔의 정도는 다를 수 있겠지만, 주관적인 괴로움은 모두에게 찾아오고 똑같이 아픕니다.

교실에서도 마찬가지입니다. 선생님의 마음이 아이들의 마음과 같을 수 없듯, 아이들의 마음도 선생님의 마음과 같을 수 없습니다. 사소한 갈등이 큰 다툼으로 번지기도 하고, 잘 지내고 있는 것 같은 아이의 부모님에게 걸려 온 전화에 주말의 평화가 깨지기도 합니다. 불편한 감정, 생각, 그리고 기억을 경험하지 않는 사람이 없는 것처럼, 문제가 없는 교실은 없습니다.

우리 반 문제로 골머리를 앓고 있을 때는 다른 반은 아무 문제없이 잘 지내고 있는 것 같습니다. 며칠 전에 그 반 선생님께서 문제 아이에 대해 하소연한 기억은 우리 반에서 발생한 문제에 막혀 떠오르지 않습니다.

이때, 우리를 더욱 힘들게 하는 것은 '다른 반은 아무런 문제가 없어 보이는데 우리 반만 문제가 있는 것 같다.'라는 나를 자책하는 생각입니다. 여기에는 '문제가 없는 것이 정상이다.'라는 가정이 깔려 있습니다. 이 가정을 수용-전념 치료에서는 '파괴적 정상성 가정'이라고 부릅니다.

'파괴적 정상성 가정'은 학급경영에서도 생각해볼 수 있습니다. '문제가 없는 반이 정상이다'라는 생각은 실제로 '문제'가 발생했을 때 우리를 당황하게 합니다. 문제가 생긴 우리 반은 '비정상'이 되고 빨리 문제를 없애야 한다는 조급함에 갇히면 문제는 흰곰이 되어 버팁니다. 흰곰에만 집중해서 싸우다 보면 흰곰만 보이고 교실에 있는 다른 아이들은 보이지 않습니다. 흰곰과 다투느라 힘을 쓰다 보면, 아이들도 선생님도 지칩니다.

수업 시간에 유독 말이 많은 남자아이들 3명이 있었습니다. 졸업이 다가오면서 수업에 집중하지 못하고 떠드는 정도가 더 심해졌습니다. 무섭게 혼내기도 하고, 조용히 수업을 들을 때는 칭찬도 해주면서 일 년을 같이 지냈지만, 졸업을 앞두고 점점 집중하지 못하고 산만해지는 아이들을 보면서 교사로서 자괴감이 들었습니다.

수업에 집중시키기 위해서 준비도 더 열심히 했습니다. 떨어져 앉을 수 있도록 자리 배치도 다시 했습니다. 사소한 긍정적인 행동도 칭찬을 해주는 한편, 문제행동에 대해서는 단호하게 혼내기도 했습니다. 그래도 아이들은 많이 달라지지 않았습니다. 그 아이들 때문에 다른 아이들도 수업에 집중하지 못하는 것 같아 신경이 쓰였습니다. 수업할 때는 세 명의 남자아이만 보게 되고 장난을 치거나 떠드는 행동을 할 때마다 지적하게 되면서 수업 분위기는 점점 엉망이 되었습니다.

그러던 어느 날, 참아온 화가 폭발했습니다. 수학 시간에 할 것을 빨리 끝내놓고 옆에 있는 친구가 방해될 정도로 잡담하는 그 아이들을 꾸짖었습니다. 한참 잔소리를 하다가 조용히 수학 학습지를 풀고 있는 한 남자아이와 눈이 마주쳤습니다.

그 순간, 언제부턴가 조용히 수업에 집중하고 있는 아이들과 제대로 눈을 마주친 적이 없다는 것이 떠올랐습니다. 떠드는 친구들에게만 집중하느라 조용히 수업을 듣고 있는 아이들의 눈빛을 보지도 그 아이들이 조그맣게 하는 대답도 듣지 못했습니다. 더 솔직히 이야기하면 세 명의 남자아이를 제대로 제어하지 못하는 교사로서의 자괴감 때문에 다른 아이들의 눈을 볼 자신이 없었습니다. 교실에는 수업 시간에 집중하지 못하는 세 명의 아이와 그 아이들만 바라보는 선생님이 있을 뿐이었습니다.

그날 이후로, 수업 시간에 의식적으로 다른 아이들을 더 바라보았습니다. 그중에, 진지하게 수업을 듣고 있는 아이들도 있었고 활동지를 스스로 풀고 깨끗한 글씨로 노트 정리를 하는 아이들도 많았습니다.

수업 분위기가 조금씩 달라졌습니다. 세 명의 친구를 위한 수업이 아닌, 모두가 참여하는 수업으로 바뀌기 시작했습니다. 달라진 것은 수업 방법도, 생활지도 방법도 아니었습니다. 세 명의 아이만 바라보고 듣던 선생님이 다른 아이들도 바라보고 듣기 시작했다는 것이 달라졌습니다. 그러자 세 명의 아이가 내는 소리는 다른 아이들이 수업에 집중하는 분위기에 묻혀 조금씩 작아졌습니다.

교실에서 문제가 생겼을 때 선생님들은 이를 해결하기 위해서 최선을 다합니다. 앞서 이야기한 '문제가 없는 것이 정상이다'라는 '파괴적 정상성 가정'에 따라 문제를 없애야 새로운 시작을 할 수 있다고 생각하기 때문입니다.

문제가 해결되지 않을 때 대부분 선생님은 문제를 없애는 데에만 집중합니다. 연수에서 들은 효과적인 생활지도 방법이나 사례별 해결 방법을 제시한 학급경영 책에서 해결책을 찾아보고 적용해 보기도 합니다.

최선을 다함에도 문제는 해결되지 않을 수 있습니다. '파괴적 정상성 가정'은 교실 속 관계에서 발생하는 상황에는 적용할 수 없습니다. '문제가 없어야 정상적인 교실이다.'라는 전제는 최선을 다해도 해결되지 않는 문제를 만난 선생님을 스스로 무능력하고 의지가 약한 존재로 자책하게끔 유도합니다. 그래서 문제에만 더 집중하게 하고, 그 문제가 흰곰이 되어 버티게 해서 다른 아이들을 위한 마음의 여유를 갖지 못하도록 합니다. 문제와 싸우느라 지금을 살아가지 못하도록 방해합니다. 이것이 '파괴적 정상성 가정'입니다(이선영, 2017). '파괴적 정상성 가정'은 선생님 스스로 능력이 없거나 무책임한 존재로 자책하도록 하면서, 문제가 생겼을 때 선생님들을 더욱 힘들게 합니다.

수용-전념 치료에서는 불편한 생각, 감정, 그리고 기억은 인간 공통의 조건이라고 하면서 문제를 없애기 위한 방식으로 최선을 다하더라도, 그 방식이 효과가 없을 수 있음을 알아채는 것이 중요하다고 말합니다(Hayes & Smith, 2010). '문제를 없애기 위해 최선을 다해도 해결되지 않는 문제가 있다.'라는 수용-치료적 접근은 문제와 싸우는 것에서 벗어나, 지금 이 순간이 간직한 삶의 다른 가능성을 볼 수 있도록 도와줍니다.

06 | 흰곰과의 씨름에서 벗어나기

문제를 없애기 위한 방식으로 최선을 다했음에도 문제가 해결되지 않을 때 문제와의 싸움에서 벗어나서 지금을 살아가야 한다는 주장은 '합리화' 또는 '포기'로 들릴 수 있습니다. 논리적으로 '파괴적 정상성 가정'을 이해한다고 하더라도 교실에서 문제 상황을 만나면 '문제가 없는 교실은 없다.'라는 전제를 받아들이기 어려워집니다. 문제를 없애기 위해 노력하는 것에 익숙해졌기 때문에 문제와 싸우지 않는다는 것을 '문제가 없다.'라는 '합리화' 또는 '문제가 있어도 어쩔 수 없지.'라는 '포기'로 생각하기 쉽습니다.

여기서 말하는 문제는 불편한 생각, 감정, 그리고 기억과 관련된 문제입니다. 그리고 '문제를 없애기 위해 노력을 했다.'라는 것은 아이와의 관계에서 발생하는 불편한 생각, 감정, 그리고 기억을 해결하기 위해 최선을 다했다는 것을 의미합니다.

교실에서 발생하는 다양한 상황은 수학 문제처럼 풀 수 없습니다. 수학 문제는 아무리 어려워도 정답을 찾으면 해결할 수 있지만 교사와 학생, 교사와 학부모, 아이와 학생 사이의 문제는 정답만으로는 해결되지 않을 수 있습니다.

관계에서 발생하는 교실 속 문제 상황들은 불편한 생각, 감정과 기억을 데리고 옵니다. 앞서 이야기한 것처럼 불편한 생각, 감정, 그리고 기억들은 '피부 안의 세상'에 속하기 때문에 이를 억누르거나 도망치는 방식으로는 해결되지 않습니다. 그렇다고 합리화하거나 포기하는 것도 문제를 대하는 올바른 방식은 아닙니다.

문제를 없애기 위한 방식으로 최선을 다해도 문제가 해결되지 않을 때 수용-전념 치료에서는 문제와의 싸움을 잠시 내려놓으라고 말합니다. 그것은 앞서 이야기한 것처럼 '합리화' 또는 '포기'가 아닙니다.

문제와의 싸움에서 자꾸만 지다 보면 우리는 문제를 다시 마주할 용기를 잃게 됩니다. 그 문제와 다시 마주쳤을 때 경험하게 될 불편한 생각, 감정 그리고 기억들이 그 문제를 마주 보지 못하도록 우리를 주저앉힙니다.

불편한 생각, 감정, 그리고 기억을 있는 그대로 받아들이는 것이 수용-전념 치료에서 말하는 '수용(Acceptance)'입니다(이선영,

2017). 불편한 생각, 감정, 그리고 기억은 우리를 괴롭게 하지만, '흰 곰 실험'에서 알 수 있듯이 피한다고 피해지지도 억누른다고 억눌리지도 않습니다.

불편한 생각, 감정, 그리고 기억은 우리를 분명 아프게 합니다. 하지만 우리를 더욱 아프게 하는 것은 불편한 감정, 생각, 그리고 기억을 피하고자 문제 상황과 다시 마주하지 않거나 새로운 시도를 하지 않아서 지금 이 순간을 충실히 살아가지 못함에 있습니다.

'수용'과 반대로, 불편한 생각, 감정, 그리고 기억을 피하고자 하는 행동을 수용-전념 치료에서는 '경험 회피(Experiential Avoidance)'라고 합니다(Hayes & Smith, 2010). '경험 회피'는 행동의 '내용'이 아닌 행동의 '기능'에 주목합니다. 고통의 순간에 고통을 마주 보지 않기 위해 하는 행동들이 '경험 회피'라고 정의됩니다. '경험 회피'는 지금 이 순간을 지웁니다.

교사는 교실에서 아이들과 상호작용을 하면서 수없이 많은 새로운 상황들을 만납니다. 그중에는 긍정적인 경험도 부정적인 경험도 있습니다. 긍정적인 상황에서 경험하는 생각과 감정은 우리를 불편하게 하지는 않지만 부정적인 상황에서 경험하는 생각과 감정은 우리가 다시 그 상황과 마주하는 것을 힘들게 합니다. 이때 불편한 생각, 감정, 그리고 기억을 만날지도 모른다는 '생각'은 그동안 성공적인 행동들만 반복하게 하고 새로운 가능성을 놓치게 합니다.

문제행동을 반복하는 아이들에게 있어서 그 행동들은 자신의 상황을 해결하기 위해 최선을 다해 찾은 방법입니다. 사람들은 수많은 시행착오 끝에 찾은 방법으로 자신에게 주어진 삶을 살아갑니다. 특정한 행동 패턴에 갇힌 아이들은 그 행동들이 문제를 악화시키는 걸 알고 있지만 그 외 다른 방식으로는 어떻게 살아야 할지 모르기 때문에 그 방법대로 살고 있는 것이죠. 이처럼, 교사와 학생 모두 '경험 회피'를 통해 변화의 시작인 '지금 이 순간'을 살아가지 않고, 불편한 생각, 감정, 그리고 기억과의 씨름에 정작 자신이 원하는 삶을 사는 데 필요한 힘을 낭비합니다.

'경험 회피'를 하지 않고 지금 이 순간을 살아가기 위해서는 '수용'이 필요합니다. 문제를 바꾸려거나 없애려고 하지 않고 그동안 우리를 불편하게 한 경험을 피하려고 노력하거나 불편한 생각, 감정, 그리고 기억을 통제하려는 시도를 내려놓고 충분히 머무를 수 있다면 싸움에서 벗어나 새로운 상황에 자신을 노출할 수 있는 자발성을 키울 수 있습니다. 불안하지 않아야 새로운 시도를 할 수 있는 것이 아니라 불안해도 자신이 원하는 것을 할 수 있습니다.

경험적 연습 3 · 흰곰과의 씨름에서 벗어나기

1. 공과 포스트잇을 준비합니다.

2. 불편한 생각, 감정, 그리고 기억을 떠올립니다. 친구와 다투었을 때, 부모님 또는 선생님에게 혼났을 때, 열심히 노력하지만, 원하는 것을 얻지 못했거나 기대한 것과는 다른 결과에 실망했을 때와 같이 자신이 작아지는 순간 경험한 생각, 감정, 기분, 그리고 기억을 생각해 봅니다.

3. 방금 떠올린 생각, 감정, 그리고 기억을 포스트잇에 적고, 포스트잇을 공에 붙입니다.

4. 앞에 있는 공을 보지 않기 위해서 어디를 보아야 할지 생각해 보면서, 공만 보지않고 다른 곳은 자유롭게 둘러봅니다.

5. 공을 왼쪽과 오른쪽에 두고 똑같은 연습을 해봅니다.

6. 공이 있는 곳을 바라보지 않으려고 했을 때 보지 못한 공간을 잠시 생각해 봅니다.

7. 공을 다시 앞에 놓아두고, 공을 포함한 전체를 볼 수 있게 하려면 어떻게 해야 할지 생각해 봅니다. 공을 포함한 전체를 볼 수 있는 방법을 떠올린 친구는 이야기해 봅니다.

8. 공을 안고, 공을 포함한 전체를 둘러봅니다.

9. 공을 보지 않아야 할 때 볼 수 있는 공간과 공을 안았을 때 볼 수 있는 공간의 차이를 생각해 봅니다.

'흰곰과의 씨름에서 벗어나기'는 '경험 회피'에서 벗어나 '수용'을 경험해 볼 수 있는 활동입니다. 먼저 아이들 숫자에 맞게 공과 포스트잇을 준비합니다. 그리고 포스트잇에 자신이 작아지는 순간에 경험한 생각, 감정, 그리고 기억을 적어서 공에 붙이도록 합니다.

포스트잇에 붙인 불편한 생각, 감정, 그리고 기억들은 우리가 해결하고 싶은 문제입니다. 포스트잇을 붙인 공을 바라보지 않는 것은 불편한 흰곰을 피하고자 문제 상황을 제대로 마주하지 않는 '경험 회피'를 의미합니다.

아이들은 포스트잇을 붙인 공이 앞에 있을 때는 앞을 오른쪽에 있을 때는 오른쪽을 왼쪽에 있을 때는 왼쪽을 바라보지 못한다는 것을 경험하면서 공을 피하기만 한다면 전체를 바라보지 못한다는 사실을 깨닫게 됩니다. 불편한 흰곰을 피하기 위한 씨름을 하느라 지금을 온전히 살아가지 못한다는 것을 경험할 수 있는 것이죠. 공이 있는 곳을 바라보지 않으려고 했을 때 보지 못한 공간을 잠시 생각해 보도록 합니다.

이번에는 공을 포함한 전체를 바라볼 수 있게 하려면 어떻게 하면 좋을지 이야기해 보도록 했습니다. 잠시 고민을 하던 한 여자아이가 *"공을 안아요!"* 라고 합니다.

여자아이의 말처럼 공을 안고 주변을 자유롭게 둘러보라고 합니다. 불편한 생각, 감정, 그리고 기억이 붙은 공을 피할 때는 그 공이 있는 자리만큼 볼 수 없었지만 공을 안은 지금은 공을 포함한 전체를 바라볼 수 있습니다.

이 활동에서 아이들은 포스트잇이 붙은 공을 보지 않기 위해 한 행동들이 자신의 삶을 한 방향으로 결정짓는다는 것을 배울 수 있습니다. 반대로 공을 안는 행동은 문제와의 싸움에서 이기고 지는 것이 아닌 다른 선택을 할 수 있는 자유를 얻는다는 것을 알게 합니다.

교실에서 우리는 문제를 없애기 위한 방식으로 최선을 다함에도 해결되지 않는 문제들을 만납니다. 앞에서 이야기한 것처럼 경력 있는 선배 교사들에게 조언을 구해도, 학급경영과 생활지도 책에 나온 사례별 해결 방법을 적용해 보아도, 연수에서 배운 방법을 활용해도 문제는 해결되지 않을 수 있습니다.

이때, 흰곰과의 씨름에서 벗어남으로써 흰곰에만 집중할 때 할 수 없는 새로운 선택을 할 수 있습니다. '파괴적 정상성 가정'에서 예로 든 소란스러운 세 명의 남자아이와의 줄다리기를 잠시 내려놓고 교실에 있는 다른 친구들과 눈을 마주쳤을 때 문제는 해결되지 않았지만, 새로운 맥락에서 분위기가 달라진 것처럼 말입니다.

다시 한번 강조하면 '수용'은 '포기' 또는 '합리화'가 아닙니다. 그렇다고 문제에만 집중해서 문제와의 싸움에 우리를 가두는 것도 아니며 '경험 회피'처럼 문제를 덮고자 다른 행동으로 도망가는 것도 아닙니다. '수용'은 불편한 생각, 감정, 그리고 기억들에 충분히 머무르는 것이며 불편한 흰곰을 안고 지금 이 순간을 충실히 살아가는 적극적인 행동입니다.

07 | 말을 먹고 자라는 흰곰

교실에서 만나는 불편한 생각, 감정, 그리고 기억과 관련된 문제 상황을 없애기 위한 노력이 큰 효과가 있지 않다는 것을 '흰곰 실험'으로 알았습니다. 불편한 흰곰을 만나지 않기 위해 해온 행동들이 '경험 회피'로 기능하면서 지금 이 순간을 온전히 살아가지 못하도록 방해한다는 것을 '흰곰과의 씨름에서 벗어나기' 활동에서 배울 수 있었습니다.

불편한 생각, 감정, 그리고 기억을 마주하지 않으려고 하거나, 없애기 위해 최선을 다할수록 더 자주 경험하게 된다는 새로운 사실은, 무엇이 우리를 '문제를 피하거나 없애는 방식'으로 행동하게 하는지 궁금하게 합니다.

'피부 안의 세상'과 '피부 밖의 세상'의 맥락을 분별하는 연습을 떠올려 봅니다. '피부 밖의 세상'에서 발생하는 상황은 낙서를 깨끗하게 지우는 것처럼 문제를 해결하는 방식이 효과적이지만, '피부 안의 세상'에서는 억누르거나 피할수록 문제를 더 많이 경험했습니다. 이저럼, '피부 밖의 세상'에서 효과적으로 적용되는 '눈제해결방법'을 '피부 안의 세상'에 적용했기 때문에 더 자주 흰곰을 만나게됩니다.

우리는 언어로 '피부 밖의 세상'의 문제를 해결합니다. 언어를 통해 직접 경험하지 않아도 무언가를 배울 수 있으며 주변 사물들을 관련지음으로써 문제에 대한 해결책을 얻을 수 있습니다. 언어는 다른 사람들의 경험을 시간과 공간을 넘어서 우리에게 전달해 주며 지금이 아닌 과거와 미래에 존재할 수 있도록 도와줍니다. 문제를 없애는 방식으로 기능하는 언어를 통한 문제 해결 방법은 '피부 밖의 세상'에서 효과적이며 우리에게도 익숙합니다.

하지만 생각, 감정, 기억, 그리고 신체 감각이 일어나는 '피부 안의 세상'에서는 언어를 통한 문제 해결 방법이 효과적이지 않습니다. 직접 경험하지 않고도 배울 수 있고 주변 사물을 관련지음으로써 새로운 해결 방법을 알게 되며, 시간과 공간의 제약을 넘을 수 있게 도와주는 언어의 기능은 '피부 안의 세상'에서 일어나는 불편한 생각, 감정, 그리고 기억을 없애지 못합니다. '피부 밖의 세상'에서 하는 것처럼 '피부 안의 세상'에 언어를 통한 문제 해결 방법을 적용한다면, '흰곰 실험'에서 알 수 있듯이 불편한 생각, 감정, 그리고 기억을 더 자주 만나게 됩니다. 없애려고 해도 없어지지 않고 피하려고 해도 피할 수 없게 되면서 우리를 흰곰에 가둡니다.

언어로 마음에 저장된 과거의 고통스러운 경험은 지금 여기에서 그 경험과 마주하는 것을 두렵게 합니다. 또 언어는 미래에 있을지도 모를 불편한 생각, 감정, 그리고 기억을 현재로 가져오기도 합니다. 이처럼 언어를 통해 우리는 과거와 미래의 불편한 흰곰을 현재에 데려오면서, 흰곰을 만나지 않기 위해 안전하다고 생각하는 방식으로만 우리를 행동하게 합니다.

'불편한 생각, 감정, 그리고 기억이 문제다.'라는 전제는 '피부 안의 세상'에 '문제를 피하거나 없애는 방식'을 적용하도록 우리를 유인합니다. '문제가 없어야 정상이다.'라는 파괴적 정상성 가정은 불편한 흰곰으로 힘들어하고 있는 우리에게 문제를 해결해야 새로운 시작을 할 수 있다고 생각하게 합니다. 불편한 흰곰은 이유가 되고, 문제를 겪고 있는 우리는 비정상이 됩니다. '문제가 없어야 정상이다.'라는 가정은 '문제를 경험하고 있는 나는 비정상이야.'라는 생각으로 변하며, 불편한 생각, 감정, 그리고 기억만으로도 충분히 힘든 우리를 다른 사람으로부터 소외시킵니다.

'문제가 없어야 정상이다.'라는 '파괴적 정상성 가정'과 '문제를 경험하고 있는 나는 비정상이야.'라는 '생각'은 언어로 이루어져 있습니다. 경험은 언어로 마음에 저장되며 시간과 공간을 넘어 끊임없이 우리에게 말을 걸어오면서 '피부 밖의 세상'에 효과적인 '문제를 피하거나 없애는 방식'으로 행동하도록 채근합니다. 말이 시키는 대로 흰곰을 피하거나 없애려고 할수록 '피부 안의 세상'에서 우리는 흰곰을 더욱 자주 만납니다. 그 결과, '문제를 경험하고 있는 나는 비정상이야.'라는 생각과 더욱 '융합(Fusion)'하게 되고 흰곰과의 씨름에 우리를 가두어 두면서 이기는 것과 지는 것 외에 다른 선택이 있다는 것을 잊게 합니다.

이기고 지는 싸움에 집중하다 보면 우리를 둘러싼 삶의 울타리가 조금씩 좁아지고 있다는 느낌이 듭니다. 울타리 밖으로 넘어갈 수 있도록 '문제가 없어야 정상이다'라는 생각을 '문제가 있어도 원하는 삶을 살 수 있다.'라는 생각으로 바꾸어 보면 어떨까요? 생각은 생각일 뿐 사실이 아니기 때문에 우리는 우리가 바라는 생각을 선택할 수 있습니다. 불편한 생각, 감정, 그리고 기억을 그대로 두고 우리가 원하는 삶을 사는 방법은 무엇일까요?

08 | 말보다 큰 지금 이 순간!

수용-전념 치료에서는 '기꺼이 경험하기(Willingness)'를 통해, 불편한 흰곰과 싸우는 데 힘을 허비하지 말고, 지금 이 순간 스스로 가치 있다고 여기는 방향으로 행동하는 데 힘을 사용하도록 합니다 (Smith & Hayes, 2010). 들인 노력에 비해 보잘것없을 것 같은 성과를 생각하면서 느끼는 나만 유난스러운 것이 아닐까 하는 자괴감, 처음 해보는 방식의 수업이 아이들에게 호응이 적으리라는 걱정, 반항적이고 공격적인 아이와의 상담에 대한 부담스러움 등 교실에서 만나는 불편한 흰곰은 우리가 해보지 않은 것을 시도하기 전에 우리를 주저하게 합니다. '기꺼이 경험하기'는 불편한 생각, 감정, 신체감각, 그리고 기억을 만날까 두려워 피하는 것에서 벗어나 불편한 흰곰을 충분히 '수용'하면서 자신이 가치를 둔 방향으로 행동하는 것을 뜻합니다.

교실에서 경험하는 불편한 생각, 감정, 신체감각, 그리고 기억이 아프지 않다는 것이 아닙니다. 불편한 흰곰을 만나면 우리는 문제를 피하거나 없애는 익숙한 방식으로 행동하게 됩니다. 불안, 실망, 민망함, 자책과 같은 흰곰은 우리를 힘들게 하고 아프게 하기 때문이죠. '기꺼이 경험하기'는 '바보같이 힘든 것도 못 견뎌서 왜 아무것도 못하고 있는 거야!'라고 우리를 채찍질하기 위한 것이 아닙니다. '기꺼이 경험하기'는 흰곰을 마주 볼까 두려워서 미리 피하지 말고 불편함과 함께 충분히 머무르면서 '말보다 큰 지금 이 순간'을 충실히 살아가도록 흰곰을 포함한 전체를 바라보도록 하는 것입니다.

'수용'과 '기꺼이 경험하기'의 관계를 이해하기 위해 뉴욕대학교 의과대학의 레비트 교수와 그의 동료들이 공황장애가 있는 환자들을 대상으로 한 실험을 소개합니다(수용–전념 상담사 training 자료집, 2023. 서울 수용과 전념 치료 연구소). 이 실험에서 공황장애 환자들은 수용(Acceptance), 억제(Suppression) 그리고 통제(Control) 그룹으로 나뉘어 불안에 대해 각기 다르게 대처하도록 교육을 받았습니다. 실험참가자들은 5.5%의 이산화탄소가 포함된 공기를 15분 동안 마시면서 불안 정도를 검사받았습니다. 실험 결과 불안한 감정과 생각을 억누르거나 통제하려는 노력은 효과가 없었으며 불안한 감정과 생각을 있는 그대로 수용한 그룹의 불안 정도가 가장 낮았습니다. 더욱 놀라운 것은 불안을 있는 그대로 수용한 그룹이 불안을 통제하거나 억제한 그룹에 비해 다음 실험에 참가할 자발성이 더욱 높았습니다. 위 실험에서 알 수 있듯이, '기꺼이 경험하기(Willingness)'는 '피부 안의 세상'에서 일어나는 생각, 감정, 기억, 그리고 신체감각을 있는 그대로 '수용'하는 것에서 출발합니다.

또, '기꺼이 경험하기'는 가치를 둔 방향으로 행동하는 것을 말합니다. 지금껏 피해 온 행동들을 하거나 새로운 것을 시도할 때, 불편한 흰곰이 나타나더라도 피하지 말고 마주하면서 지금 이 순간 하고 싶은 일을 하는 것을 뜻합니다. 스스로 가치 있다고 생각하는 방향으로 행동하는 것은 불편한 흰곰을 깨울 수 있습니다. 이때 불편한 생각, 감정, 그리고 기억을 통제하거나 피하려고 행동한다면 우리는 흰곰과 함께 있는 가치를 만나지 못하게 됩니다. 가치는 지금 이 순간에 있고 지금 이 순간엔 불편한 흰곰도 함께 있습니다. 흰곰을 밀어낸 만큼 가치도 멀어지고 지금 이 순간은 작아집니다.

09 | 불편한 마음 수용하기

대부분 사람은 모래 늪에 빠졌을 때 두려움에 쫓겨서 빠져나오기 위해 발버둥 칩니다. 발버둥 치는 것이 더 깊게 가라앉게 하는지도 모르고 모래가 몸을 압박할수록 더 열심히 허우적댑니다. 빠져나오려고 최선을 다할수록 더 깊게 가라앉습니다. 모래가 가슴을 누르고 귀를 덮고 눈을 가릴 때 늪에서 빠져나오기 위해 최선을 다한 방법이 소용이 없다는 것을 깨닫습니다. 차라리 처음 늪에 넘어졌을 때 발버둥 치지 않고 가만히 누워있었다면 삶이 늪과 싸우느라 끝나지 않았으리라는 후회도 합니다.

우리는 마음 속에 모래 늪을 가지고 살아갑니다. 빠져나오기 위해 오랜 시간 해온 방법들이 성공적이었다면 고통스러운 늪은 없었을 것입니다. 빠져나오기 위해 최선을 다할수록 역설적으로 우리는 지금 이 순간이 아닌 늪에서 삶을 살아왔습니다. 모래 늪에서 살아가지 않기 위해 어떻게 해야 할까요?

처음 늪에 빠졌을 때로 돌아가 봅니다. 이번에는 몸이 가라앉을 것 같은 두려움에 쫓겨서 발버둥 치지 않습니다. 몸을 뒤로 젖히고 몸무게가 분산되도록 수평으로 눕는다면 몸은 부력에 의해 저절로 떠오르고 우리는 늪 밖으로 나올 수 있습니다. 모래 늪은 사라지지 않지만 늪에 빠지더라도 예전처럼 발버둥 치지 않습니다. 두려움을 없애기 위해 허우적대는 것은 오히려 늪에서 빠져나오지 못하도록 우리를 옭아맨다는 것을 '경험'으로 알았기 때문입니다. 모래 늪은 교실에서 만나는 불편한 흰곰입니다. 쫓아내려고 노력해도 사라지지 않고 더 커지기만 하는 흰곰처럼 빠져나오려고 할수록 늪은 점점 우리를 옭죕니다. 늪은 문제를 해결하는 방식으로 사라지지 않기 때문에 우리는 늪과 살아가는 새로운 방법을 배워야 합니다.

늪과 함께 살아가는 방법을 알기 위해서는 늪과 싸워온 방식이 효과가 없었음을 받아들이는 것이 필요합니다. 늪과 싸우는 데 소중한 시간이 허비되었음을 깨달아야 합니다. 문제를 해결하기 위해 최선을 다한 노력이 오히려 우리를 늪에 가둬버렸다는 것을 인정해야 합니다. 그동안 교실에서 발생하는 불편한 생각, 감정, 그리고 기억과 관련된 문제를 없애기 위해 최선을 다했다면 이제는 불편한 흰곰을 받아들이고 스스로 가치를 둔 일을 할 수 있도록 방향을 바꾸어야 합니다.

불편한 흰곰을 사라지게 하려고 해온 행동들이 소용이 없음을 알고, 불편한 생각, 감정, 그리고 기억들이 있음에도 불구하고 지금 해야 할 일을 할 수 있도록 하는 것을 수용-전념 치료에서는 '창조적 절망감(Creative Hopelessness)'이라고 합니다(이선영, 2017). '창조적 절망감'은 불편한 흰곰을 쫓아내기 위한 행동들이 효과가 없었을 뿐만 아니라, 우리를 늪에 더 깊게 가라앉게 했다는 것을 깨닫게 해줍니다. 최선을 다해온 시간과 노력이 우리를 더 옥죄어 왔다는 점에서는 '절망적'이지만, 새로운 시작을 할 수 있도록 도와준다는 점에서 '창조적'입니다. 교실에서 '창조적 절망감'을 경험할 수 있는 활동을 소개합니다(Hayes & Smith, 2010).

경험적 연습 4 · 나의 대처법

1. 아이들이 스트레스를 경험할 수 있는 상황들을 보여주면서, 이때 경험할 수 있는 감정과 생각을 이야기해 봅니다.
2. 스트레스를 받는 상황에서 경험한 부정적인 감정이나 생각을 떠올려 봅니다. 잘 떠오르지 않는 친구들에게는 다시 한번, 아이들이 경험할 수 있는 스트레스 상황들을 보여줍니다.
3. 떠올린 부정적인 감정과 생각을 종이에 적습니다.

4. 부정적인 감정을 해결하기 위해 내가 해온 방법들을 생각해 봅니다. 떠올린 방법들을 종이에 적습니다. 부정적인 감정을 없애거나 피하려고 행동했는지, 그대로 받아들이려고 했는지 생각하면서 적습니다.

5. 그 방법이 짧은 순간 얼마나 효과가 있었는지 생각해 봅니다.

6. 부정적인 감정과 생각을 피하거나 없애는 데 사용한 방법의 효과를 비교해 봅니다. 또, 부정적인 감정과 생각을 있는 그대로 받아들였을 때와 피했을 때를 비교해 보면서 언제 마음이 더 편해졌는지 이야기해 봅니다.

※ 〈마음에서 빠져나와 삶 속으로 들어가라〉 Hayes, S, C, & Smith, S.(2010) 새로운전념치료, 문현미 민병배 역. 〈연습 대처 전략 작업지〉 학지사 참고

불편한 흰곰을 쫓아내기 위한 행동들이 오히려 흰곰을 크게 만든다는 것을 알면서도 흰곰을 받아들이는 것은 여전히 힘이 듭니다. 불편한 흰곰은 우리를 분명히 아프고 힘들게 하며 불편한 생각, 감정, 그리고 기억을 피하거나 억누르려는 시도는 짧은 순간 효과가 있으므로, 우리는 흰곰을 받아들이기보다는 피하고자 노력합니다.

원하지 않는 생각이나 감정을 경험하지 않기 위한 행동들은 당장은 효과가 있어 보이지만 시간이 지나면 불편한 생각과 감정은 되살아납니다. 흰곰을 받아들이지 않는다면 불편한 생각, 감정, 그리고 기억이 나타날 때마다 이를 피하기 위한 행동을 반복하게 되고 우리는 끝이 없는 싸움에 갇히게 됩니다. 과거에 경험한 원하지 않

는 생각과 감정으로부터 도망치는 것이 습관이 되면 그 경험들을 다시 마주치는 것이 두려워 그것들을 피하고자 집중하게 되고 지금 이 순간의 가능성을 눈치채지 못합니다.

흰곰과의 싸움에서 벗어나기 위해서는 원치 않는 생각이나 감정을 피하거나 없애는데 짧은 순간 효과가 있는 행동이 장기적으로는 불편한 생각, 감정, 그리고 기억을 더 자주 경험하게 한다는 것을 깨달아야 합니다. 또, 원하지 않는 감정과 기억을 경험하지 않기 위해 시간과 힘을 쓸수록 지금 이 순간의 변화를 알아차리지 못한다는 것을 알아야 합니다.

〈경험적 연습 4〉에서 불편한 생각과 감정을 경험할 때 사용한 방법의 단기적인 효과와 장기적인 효과를 살펴보면서 불편한 생각과 감정에서 도망치기 위한 행동들이 당장은 효과가 있지만 장기적으로는 효과가 없거나 오히려 상황을 나쁘게 함을 알아차릴 수 있습니다. 이 '알아차림'이 앞에서 설명한 '창조적 절망감'이며 이것을 알아차리는 순간 우리는 불편한 생각과 감정을 없애거나 피하는 방식이 아닌, 받아들이는 방식으로 행동할 수 있습니다.

불편한 흰곰을 받아들인다는 것은 원하지 않는 생각, 감정, 그리고 기억을 애써 좋아해야 함을 의미하지 않습니다. 또 우리를 힘들게 하는 내적인 경험들이 별거 아니라고 자신을 위로하는 것도 아닙니다. 불편한 생각, 감정, 그리고 기억을 '수용'한다는 것은 그것들이 주는 느낌을 다른 것으로 바꾸지 말고 있는 그대로 받아들인다는 것을 뜻합니다. 원하지 않는 생각과 감정이 힘들고 아프더라도 스스로 가치를 둔 방향으로 행동하는 것을 말합니다. 늪에 빠질까 두려워서 늪을 피하는 삶을 살아가는 것이 아니라 늪에 빠지지 않는 삶은 없으며 늪에 빠지더라도 원하는 삶을 살 수 있다는 것을 깨닫는 것이 '수용'입니다.

'수용'은 '창조적 절망감'에서 출발하는 '행동'입니다. 아는 것과 행동하는 것은 다르며 행동은 경험적인 연습으로 얻어집니다. 우리는 늪을 피하는 방식에 익숙해져 있으므로, '수용'과 '창조적 절망감'에 대해 알았다고 해서 한순간에 늪을 받아들이는 방식으로 살아가기는 힘듭니다. '수용'과 '창조적 절망감'은 2장에서 좀 더 연습해 보도록 하겠습니다.

10 | 흰곰을 ACT하기

수용–전념 치료에서는 치료자와 내담자의 경험이 다르지 않다고 봅니다(이선영, 2017). 치료자도 내담자처럼 고통스러운 흰곰을 쫓아내고자 최선을 다했지만 되살아나는 생각, 감정, 그리고 기억과의 끊임없는 싸움에 갇혀서 괴로워한 경험이 있다고 전제합니다.

수용–전념 치료에서 치료자와 내담자의 차이점은 '창조적 절망감'을 받아들이고 '수용'의 자세로 삶을 살아가도록 노력한 경험에 있다고 봅니다. 치료자는 원치 않는 생각과 기억을 만날 때 괴롭던 경험에서 고통을 겪고 있는 내담자와의 연결감을 느낍니다.

상담이 제대로 진행되지 않았을 때 느끼는 무력감, 치료가 효과적이라고 생각했을 때 다시 반복되는 내담자의 좌절과 불안에서 비롯되는 자책과 회의는 내담자와 마주 보는 것을 두렵게 합니다. 이때, 치료자가 무력감과 좌절을 피하지 않고 솔직하게 받아들이면서 내담자를 위해 최선을 다해 노력하면 내담자도 삶에서 만나는 원치 않는 생각과 감정을 '수용'하는 법을 배우게 됩니다. 불편한 흰곰은 사라지지 않지만, 그것을 없애기 위해 싸우지 않고 지금을 살아가는 법을 알 수 있는 것이죠.

수용-전념 치료에서의 치료자와 내담자의 관계를 교실에서 선생님과 아이의 관계에 적용해 볼 수 있습니다. 열심히 준비한 수업에 반응이 없는 아이들, 반복되는 생활지도에도 반 친구들과 끊임없이 트러블을 일으키는 아이, 단짝 친구들과 싸워서 혼자가 된 여자아이 등 선생님도 교실에서 불편한 흰곰을 만납니다. 흰곰이 없으면 참 좋겠지만, 흰곰이 있어도 아이들을 지도해야 하고, 수업해야 합니다. 선생님이 불편한 생각, 감정, 그리고 기억을 있는 그대로 솔직하게 받아들이면서 지금 이 순간을 충실히 살아간다면, 아이들은 선생님에게서 자신의 일부와 싸우지 않고 살아가는 법을 배울 수 있게 됩니다.

이번 장에서는 수용-전념 치료의 기본 개념을 알아보면서, 교실에서 경험적으로 연습할 방법들을 살펴보았습니다. 우리는 '피부 밖의 세상'과 '피부 안의 세상'이라는 두 가지 맥락에서 살아가며 '피부 밖의 세상'에서는 문제해결 방식이 효과적이지만 '피부 안의 세상'에서 만나는 불편한 흰곰은 피하거나 억압할수록 더 자주 만나게 됨을 알았습니다. '문제가 없는 것이 정상이다.'라는 '파괴적 정상성 가정'은 문제를 해결하는 방식으로 우리를 행동하도록 하지만 불편한 생각, 감정, 그리고 기억은 언어를 통한 문제 해결 방법으로는 해결되지 않았습니다. 원치 않는 생각과 감정을 경험할 때 이를 피하거나 없애려고 하기보다 있는 그대로 받아들이는 것이 흰곰과의 싸움에서 벗어나도록 도와줬습니다. 원치 않는 감정과 생각을 억누르거나 통제하기보다는 있는 그대로 '수용'할 때 이를 다시 경험하려는 '자발성'이 높아졌습니다. 불편한 생각, 감정, 그리고 기억과 싸우는 것은 우리를 늪에 더 깊게 가라앉히며 문제를 피하거나 없애기 위한 노력이 오히려 삶의 울타리를 좁게 한다는 '창조적 절망감'을 경험해 보았습니다. 이런 경험들로 흰곰을 피하지 않고 흰곰과 함께 ACT 할 수 있는 여유를 가질 수 있었습니다.

제 **2** 장

흰곰 수용하기

1. 흰곰을 가둔 우리 열기
2. 괴물과의 줄다리기
3. 이상한 달리기
4. 우리를 가두는 말의 힘
5. 말 깨뜨리기
6. 생각과 거리 두기, 그리고 가치 찾기
7. '그러나' 또는 '그리고'
8. 마음의 북 울리기

불편한 생각, 감정, 그리고 기억은 피하거나 없애려고 할수록 더 자주 경험하게 되며, 결국 하고 싶은 것에 집중하지 못하게 됩니다. 흰곰을 쫓아내는 싸움에 갇히게 되면, 지금 이 순간을 살아가지 못합니다. 불편한 흰곰을 있는 그대로 받아들일 때, 우리는 과거나 미래에 갇히지 않고 지금을 살아갈 수 있습니다. 흰곰을 받아들인다는 것은 불편한 생각, 감정, 그리고 기억이 있다는 것을 그저 알기만 하는 것은 아닙니다. 원하지 않는 생각과 감정을 무시하고 지금 하는 일에 집중해야 한다는 의미와도 다릅니다. '수용'은 고통스러운 생각과 감정이 우리에게 주는 느낌을 있는 그대로 경험하면서 지금 여기를 살아가는 것을 말합니다. 이번 장에서는 수용-전념 치료의 핵심 개념인 '수용'과 '경험 회피', '융합'과 '인지적 탈 융합'의 관계를 살펴보면서, 우리의 일부분과 싸우지 않고 원하는 삶을 살아갈 수 있는 방법을 배워보겠습니다.

01 | 흰곰을 가둔 우리 열기

수용-전념 치료에서는 불편한 생각, 감정, 그리고 기억을 경험하지 않기 위해 하는 행동들이 오히려 그것들을 더 자주 경험하게 하므로, 우리를 힘들게 하는 내적인 경험들을 있는 그대로 받아들여야 한다고 말합니다(Hayes & Smith, 2010). 불안, 우울, 좌절, 실망과 같은 우리를 아프고 힘들게 하는 내적인 경험을 덜 경험하도록 하는 것이 치료의 목표인 기존의 심리치료들과는 차이가 있습니다. 불편한 생각, 감정, 그리고 기억을 없애기 위해 하는 행동이 잠깐은 효과가 있으므로 흰곰을 피하거나 없애는 방식으로 행동하지만 시간이 지나면 흰곰은 더 커져서 돌아옵니다. 부정적인 생각과 감정을 없애거나 피하는 행동이 불편한 생각과 감정을 더 크게 만든다는 사실은 문제를 대하는 관점을 바꿀 것을 요구합니다. 불편한 생각, 감정, 그리고 기억이 나타날 때마다 피하거나 없애려는 싸움에 시간과 힘을 들일 것이 아니라 이것들과 함께 원하는 삶을 살아갈 방법을 배우는 것이 새로운 출발의 시작입니다.

고통스럽던 과거의 경험은 마음에 말로 기억되어 새로운 상황에서 과거와 비슷한 경험이 나타나면 도망치라고 소리칩니다. 말이 외치는 소리가 사실인지 거짓인지 따질 겨를도 없이 도망치기만 급급하면 지금 이 순간 선택할 수 있는 다른 행동들을 놓치게 됩니다. 이처럼 말이 외치는 소리를 사실이라고 믿는 것을 수용-전념 치료에서는 '인지적 융합'이라고 합니다. '인지적 융합'은 경험을 있는 그대로 받아들이는 것을 방해합니다.

통증이 있을 때마다 진통제를 먹는다면 당장은 아프지 않을지라도 통증에 대한 내성은 낮아집니다. 조금만 아파도 견딜 수 없을 거라는 '생각'에 서둘러 진통제를 찾게 되고 진통제 없이는 어디에도 나가지 못하게 되며 진통제를 먹는 양도 점점 늘어납니다. 나중에는 분명 진통제로 통증을 낮출 수 없는 순간이 옵니다. 진정으로 필요한 것은 진통제로 통증을 외면하는 것이 아니라 통증이 주는 시그널을 알아채는 데 있습니다.

이처럼 생각에 '융합'된다면 아플 때마다 진통제를 찾은 것처럼 불편한 생각, 감정, 그리고 기억을 피하는 '경험 회피'에 의존하게 됩니다. 통증은 몸이 어딘가 아프다고 말하는 신호로 '기능'합니다. 마찬가지로 불편한 생각, 감정, 그리고 기억도 분명 어떤 방식으로든 심리적으로 '기능'합니다. 문제행동이 반복되는 아이와의 관계에서 발생하는 실망, 분노, 자책과 같은 내적인 경험은 그동안 사용한 방법이 효과가 없음을 받아들이고 다른 방법을 시도해 보라고 이야기하는 신호일 수 있습니다. 또 그 아이와의 관계에서 발생할 스트레스에 대한 '생각'에 갇혀 그 상황을 피하고자 무언가를 급하게 하지 말고 불편함을 있는 그대로 받아들이는 여유를 가지라고 이야기하는 것일 수도 있습니다. 어떤 방식으로 기능하든, 불편한 생각, 감정, 그리고 기억을 다른 행동으로 덮지 말고 있는 그대로 경험하는 것이 중요합니다.

'심리적 유연성(Psychological Flexibility)'은 불편한 생각, 감정, 그리고 기억을 있는 그대로 받아들이면서 자신이 원하는 삶을 살 수 있도록 도와줍니다. 원치 않는 생각과 감정을 경험하지 않고 살아가는 사람은 없습니다. 불편한 흰곰은 우리의 일부입니다. 피하거나 쫓아내려고 하면 잠깐은 사라지지만 시간이 지나면 더 커져서 돌아옵니다. '심리적 유연성'은 흰곰과의 끊임없는 싸움을 벌이고 있는 우리를 열고 더 좋은 것이 올 때까지 삶을 견디는 것에서 벗어나 지금 이 순간을 온전히 살아가는 법을 알려줍니다.

수용-전념 치료에서는 '심리적 유연성'을 지금 이 순간에 깨어 있으면서 스스로 가치 있다고 생각한 방향으로 행동하는 능력이라고 정의합니다(Hayes & Smith, 2010). '심리적 유연성'은 '경험회피'에서 '수용'으로, '인지적 융합'에서 '탈 융합'으로, '개념화된 과거 및 미래'에서 '현재 순간에 접촉하기'로, '개념화된 자기에 대한 집착'에서 '맥락으로서의 자기'로, '가치 명료성의 부재'에서 '가치'로, '무위와 회피적인 고집'에서 '전념 행동'으로 옮겨질 때 생겨납니다. 이 과정은 '수용'과 '탈 융합'을 깨우는 '마음을 여는(Open) 과정', '현재 순간에 접촉하기'와 '맥락으로서의 자기'로 '중심을 잡는 과정 (Centered)', 그리고 '가치'와 '전념행동'으로 스스로 정한 '가치에 따라 행동할 수 있는 과정(Engaged)'의 3가지 부분으로 구성됩니다 (이선영, 2017).

'중심을 잡는 과정(Centered)'과 '가치에 따라 행동할 수 있는 과정(Engaged)'은 각각 3장과 4장에서 살펴보기로 하고 이번 장에서는 교실에서 아이들과 '마음을 여는 과정(Open)'을 경험적으로 연습해 볼 수 있는 방법을 살펴보겠습니다.

02 | 괴물과의 줄다리기

'마음을 여는 과정(Open)'은 '수용(Acceptance)'에서 출발합니다. '수용'은 지금 이 순간 마음속에서 일어나는 생각, 감정, 자기-판단, 그리고 기억과 같은 내적인 경험을 있는 그대로 경험하는 것을 말합니다.

행복한 순간에는 내적인 경험을 '수용'하는 것이 어렵지 않지만, 감당할 수 없는 불안과 분노를 경험하는 순간에는 마음속에서 일어나는 생각, 감정, 자기-판단, 그리고 기억을 있는 그대로 받아들이는 것이 힘이 들어 외면하기 쉽습니다. 수용-전념 치료에서는 불편한 생각, 감정, 그리고 기억들에서 도망치는 것을 '경험 회피(Experiential Avoidance)'라고 합니다. '수용'과 '경험 회피'는 밀접한 관련이 있습니다.

'불편한 감정이 문제다'라는 전제는 '수용'보다는 '경험 회피'로 행동하게 합니다. 부정적인 감정을 만들어 내는 비합리적인 생각을 합리적인 생각으로 바꾸도록 논박하는 것처럼, 원하지 않는 감정을 경험할 때마다 생각을 바꾸는 데 시간과 힘을 들이게 합니다. 생각의 내용을 바꾸는 것은 잠시 효과가 있겠지만 '흰곰 실험'에서 알 수 있었던 것처럼 이내 더 커져서 다른 논리를 들고 돌아옵니다. 통제할 수 없는 부정적인 감정을 경험할 때 이를 없애거나 싸우려고 할수록 일부 자신과의 싸움에 갇히게 됩니다. 결국, '경험 회피'가 문제에 대한 해결책이 아닌 문제의 일부가 됩니다.

'혼자가 아니라는 것을 느끼는 자비(Compassion)'에서 알 수 있는 것처럼, 누구나 삶을 살아가면서 불안, 실망, 무기력 같은 부정적인 감정을 경험합니다. 마찬가지로, 교실에서 경험하고 싶지 않은 불편한 상황은 만나고 싶지 않더라도 마주치게 됩니다. 문제는 우리를 힘들게 하는 내적인 경험을 통제하려는 노력이 실패했을 때, 이를 '의지' 또는 '능력'이 부족하다고 '자책'하는 데 있습니다. 부정적인 감정을 느끼는 것 자체를 자신의 탓으로 돌리면 위축되고 소외감을 느낍니다.

이처럼 불편한 생각, 감정, 그리고 기억을 통제하려는 '경험 회피'는 역설적으로 그 생각, 감정, 그리고 기억을 더 자주 경험하게 하며, 자신을 다른 사람보다 의지가 없거나 능력이 부족한 사람으로 여기게 하면서 고통에 불필요한 고통을 더하게 합니다.

또 '경험 회피'는 가치 있는 삶을 살기 위해 필요한 힘과 시간을 부정적인 생각, 감정, 그리고 기억을 피하는 데 사용하게 합니다. 가치를 둔 방향으로 새롭게 행동을 시작할 때 우리는 길을 잃은 것처럼 느끼며, 실패라도 하게 되면 후회와 자책 같은 고통스러운 감정으로 가슴아파 합니다. 어떤 상황에서 부정적인 생각과 감정을 경험한다는 것은 그만큼 그 경험들에 가치를 두었다는 것을 의미합니다. 우리는 교사로서 가치를 둔 부분에서 아이들이 더 잘하기를 기대하고, 기대에 맞게 행동하기를 바랍니다. 실패에 대한 두려움, 노력만큼.결과가 잘 나오지 않을 것 같아 주저하는 마음, 아이와의 관계가 개선될 것 같지 않은 절망감은 우리가 가치를 둔 방향으로 행동을 시작할 때 두드러집니다. 이때, 두려움, 주저함, 절망감과 같은 감정을 피하거나 없애는 데 집중하게 되면 가치 있는 방향으로 시간과 힘을 쓰지 못합니다.

이처럼, '경험 회피'는 부정적인 생각, 감정, 감각, 자기-판단, 그리고 기억을 경험하는 자신을 비정상이라고 자책하게 하면서 불필요한 고통을 더하며 가치 있는 방향으로 행동하는 것에서 멀어지게 합니다. 수용-전념 치료에서는 '경험 회피'에 대한 대안으로 '수용'을 제안합니다. '경험 회피'와 '수용'의 차이는 행동의 내용에 있지 않습니다. 불편한 감정을 느낄 때마다 운동하거나 책을 읽으며 외면하는 것처럼 바람직한 행동이더라도 '경험 회피'로 기능할 수 있습니다.

'경험 회피'와 '수용'의 차이는 행동의 '기능'에 있습니다(이선영 2017). 가치를 둔 방향으로 행동하는 것으로부터 멀어지게 하는 것이 '경험 회피'이고, 가깝게 하는 것이 '수용'입니다. 새로운 일을 시작할 때 불편한 생각, 감정, 그리고 기억을 경험한다는 것은 그만큼 그 일에 가치를 두었다는 것이며, 원치 않는 내적 경험을 만나더라도 그 일을 하고 싶을 만큼 우리 삶에 큰 의미가 있음을 말합니다. '수용'은 흰곰과 함께 지금 이 순간 가치를 향해 행동하는 것을 뜻합니다.

'경험 회피'에서 '수용'으로 나아가기 위해서는, 원치 않는 감정과 통제하려는 시도가 장기적으로 효과가 없음을 깨닫고, 그 행동이 가치로부터 우리를 멀어지게 함을 알아차리는 것에서 출발합니다. '괴물과의 줄다리기'를 통해 '경험 회피'에서 '수용'으로 삶의 방향을 바꿀 방법을 소개합니다(Smith & Hayes, 2010).

경험적 연습 5 · 괴물과의 줄다리기

1. 훌라후프를 가운데 두고, 한쪽에는 2~3명의 아이가 다른 한쪽에는 1명의 아이가 섭니다.

2. 한쪽에 선 2~3명의 아이는 힘이 센 괴물입니다. 다른 쪽에 선 친구는 자기 자신입니다. 훌라후프에 빠지지 않도록 최선을 다하며 줄다리기를 해봅니다.

3. 훌라후프에 친구가 빠지면 역할을 바꾸어 줄다리기를 해봅니다. 한 번씩 모두 해보면 자리에 앉아 기다립니다.

4. 훌라후프에 빠지지 않기 위해서 어떻게 하면 좋을지 생각해 봅니다. '훌라후프에 빠지지 않기 위해 줄다리기를 하지 않고 줄을 놓습니다.'라는 대답이 나올 때까지 충분히 시간을 줍니다.

8. '줄을 놓고 줄다리기를 멈춥니다.'라는 대답이 나오면, 괴물은 피하고 싶은 생각, 감정, 그리고 기억을 뜻한다고 알려주며, 훌라후프는 괴물과의 싸움에 갇힌 함정이라고 말해줍니다.

9. '괴물과의 줄다리기' 활동을 다시 하면서, 이번에는 줄을 놓으면서 얻게 되는 경험을 생각해 봅니다.

※ Hayes, S. C., & Smith, S.(2010). 마음에서 빠져나와 삶 속으로 들어가라: 새로운 수용전념치료. 문현미 민병배 역.
서울: 학지사. '괴물과 줄다리기' 비유 참고

'괴물과의 줄다리기'에 실패한 아이들에게 구덩이에 빠지지 않기 위해 어떻게 하면 좋을지 물어봅니다. 아이들은 괴물과의 싸움에서 이길 수 있기 위해서 힘을 더 효과적으로 쓸 방법을 생각합니다. 줄을 더 강하게 움켜쥐거나, 몸무게를 이용해야 한다는 친구들도 있습니다. '줄을 놓습니다.'라는 대답이 나올 때까지 충분히 생각할 수 있는 시간을 줍니다. 아이들이 생각한 괴물과의 싸움에서 이기기 위해 힘을 더 쓸 방법을 실제로 해볼 수 있도록 기회를 줄 수도 있습니다.

'줄을 놓습니다.'라는 대답이 나오지 않으면, 처음 우리가 '괴물과의 줄다리기'를 한 목적을 생각해 보도록 합니다. 괴물과 줄다리기를 한 이유는, 줄다리기에서 이기기 위함이 아니라 구덩이에 빠지지 않기 위하였음을 상기시킵니다. 아이들은 구덩이에 빠지지 않기 위해서 꼭 괴물과의 줄다리기에서 이겨야 할 필요가 없다는 것을 깨닫고, 줄을 내려놓습니다.

'괴물과의 줄다리기'에서 괴물은 부정적인 내적 경험이며, 줄다리기는 불편한 감정, 생각, 그리고 기억을 피하거나 없애기 위한 싸움입니다. 아이들은 괴물과의 줄다리기에서 아무리 힘을 써도 구덩이에 빠질 수밖에 없음을 깨닫습니다. 최선을 다해서 원치 않는 감정과 생각에 빠지지 않기 위해 싸웠음에도 어느새 구덩이에 갇힌 자신을 발견합니다. 이때, 아이들은 '괴물과의 줄다리기'에서 이기기 위해 힘을 쓰는 것은 소용이 없다는 것을 경험적으로 알게 됩니다. '괴물과의 줄다리기'의 목적이 '구덩이'에 빠지지 않기 위함이었음을 잊어버렸다는 사실을 깨닫습니다.

아이들은 '괴물과의 줄다리기'로 불편한 생각, 감정, 그리고 기억을 피하거나 없애려는 '경험 회피'가 '가치(Values)'로부터 우리를 멀어지게 함을 배울 수 있습니다. 괴물은 아이들이 없애고 싶은 부정적인 감정과 생각들이었고 벗어나기 위해 힘을 쓸수록 더 강한 힘으로 끌어당겼습니다. 어떤 생각을 하지 않으려고 할수록 더 자주 그 생각을 경험한 '흰곰 실험'처럼 괴물은 피하려고 할수록 더 힘이 세지기 때문에 자기 자신 역할을 한 학생보다 많은 수의 아이가 괴물 역할을 하도록 했습니다.

훌라후프는 부정적인 생각, 자기-판단, 감정과의 싸움에 갇힌 함정을 의미합니다. 훌라후프에 빠지지 않는 것이 '가치'이고 괴물과의 줄다리기는 '경험 회피'입니다. 괴물과의 싸움을 멈추었을 때 훌라후프에 빠지지 않을 수 있는 것이 '수용'과 관련된 행동입니다. 줄을 놓았을 때 괴물은 사라지지 않지만 이길 수 없는 싸움에서 벗어나 '가치'를 향해 움직일 수 있습니다. 괴물과 싸우지 않아야 원하는 삶을 살아가는 데 힘을 쓸 수 있습니다

'괴물과의 줄다리기'에서 이길 수 없는 경험은, 아이들에게 '창조적 절망감(Creative Hopelessness)'을 상기시킵니다. '경험 회피'를 위한 노력이 자신을 가치로부터 멀어지게 만들고 있음을 깨닫고,

불편한 흰곰을 있는 그대로 받아들여 가치를 향해 움직일 수 있는 '수용'으로 행동할 수 있도록 도와줍니다. 부정적인 감정을 통제하려는 고리에 갇혀 있었음을 일깨워 주며 자신의 일부와 이기고 지는 싸움에서 벗어나서 '기꺼이 경험하기(Willingness)'로 행동할 수 있도록 용기를 줍니다.

03 | 이상한 달리기

앞에서 살펴본 것처럼 수용-전념 치료는 '마음을 여는 과정 (Open)'에서 출발하며 이 과정은 '경험 회피'에서 빠져나와 '수용'으로 행동할 때 시작됩니다. '수용'은 불편한 생각, 감정, 자기-판단, 감각, 그리고 기억과 같은 내적 경험을 통제하려는 시도가 우리가 원하는 삶을 살아가는 데 필요한 시간과 힘을 낭비하게 했다는 '창조적 절망감(Creative Hopelessness)'에서 비롯됩니다. '창조적 절망감'은 부정적인 생각과 감정과의 싸움에서 벗어나서 그 생각과 감정을 있는 그대로 받아들이면서 가치를 둔 방향으로 행동할 수 있는 '기꺼이 경험하기(Willngness)'로 행동할 수 있도록 도와줍니다.

교실에서 경험하는 불편한 생각과 감정을 피하거나 없애기 위해 최선을 다했음에도 문제가 해결되지 않을 때 우리는 스스로를 비난하면서 자책하기 쉽습니다. 불안, 우울, 좌절, 실망, 무기력과 같은 흰곰을 만날까 봐 점점 위축되고 자신이 없어집니다. 애써 괜찮은

척 억지로 힘을 내도 반복되는 문제 상황에 부딪히면 금방 주저앉게 됩니다. 부정적인 생각, 자기-판단, 감정, 그리고 기억들로 충분히 힘든 것에 더해서, 이것들을 피하려고 하면서 받는 스트레스로 고통에 괴로움을 더합니다.

자책과 비난으로 인한 괴로움에서 벗어나 가치를 향해 달려갈 수 있는 '기꺼이 경험하기'를 연습할 수 있는 '이상한 달리기'를 소개합니다(이선영, 2017).

경험적 연습 6 · 이상한 달리기

1. 최근에 스트레스를 받은 일을 풍선에 쓰고, 있는 힘껏 불어봅니다.

2. 책상을 뒤로 밀고, 풍선을 가지고 모둠별로 앉습니다.

3. 모둠별로 대표를 한 명씩 뽑고, 모둠별로 풍선을 모읍니다.

4. 대표는 순서대로 앞으로 나와 한 명씩 목적지까지 빠르게 걸어갑니다. 이때, 모둠 친구들은 모둠 대표에게 풍선을 던집니다. 모둠 대표는 풍선에 맞아도 그대로 걸어갑니다.

5. 모둠별로 활동이 끝나면 두 번째 활동을 합니다. 이번에는 모둠 대표가 목적지로 갈 때 모둠 친구들이 던진 풍선을 터뜨리면서 가도록 합니다.

6. 불안과 걱정이 담긴 풍선을 그대로 받아들이면서 갔을 때와 없애고자 터뜨리면서 갔을 때 어느 쪽이 더 빨리 갈 수 있었나요?

7. 이처럼 불안과 우울을 그대로 안고 목적지로 가는 것을 '기꺼이 경험하기'라고 합니다.

※ 이수연(2016). 수용–전념 상담 프로그램이 초등학교 아동의 스트레스 감소 및 심리적 안정감에 미치는 효과. 석사학위논문. 서울교육대학교. '풍선 터트리기 게임' 참고.

'이상한 달리기'에서 아이들은 최근에 스트레스받은 경험을 풍선에 적고, 있는 힘껏 바람을 불어넣습니다. 풍선을 다 불면 책상을 뒤로 밀고 모둠별로 모여 앉습니다. 대표를 한 명씩 뽑아서 출발선에 서도록 합니다. 대표는 한 명씩 순서대로 미리 정한 목적지까지 빠른 걸음으로 걸어가도록 하고 모둠 친구들은 풍선을 대표에게 던지도록 합니다. 대표는 풍선에 맞아도 그대로 목적지까지 걸어갑니다. 각 모둠에서는 자기 모둠의 대표가 목적지까지 가는 시간을 기록하도록 합니다.

첫 번째 달리기가 끝나면 모둠별로 풍선을 가지고 자리에 앉도록 합니다. 두 번째 달리기에서는 모둠 친구들이 던진 풍선을 터뜨리면서 목적지까지 빠른 걸음으로 걸어가도록 합니다. 첫 번째 달리기에서와 마찬가지로 모둠 친구들은 대표가 목적지까지 가는 데 걸린 시간을 기록하도록 합니다.

활동이 끝나고 자리를 정돈한 후, 아이들에게 첫 번째 달리기와

두 번째 달리기 중 목적지에 일찍 도착한 달리기가 무엇인지 물어 보면,

"첫 번째 달리기가 더 일찍 목적지에 빨리 갈 수 있었습니다." 라 고 대답합니다.

첫 번째 달리기와 두 번째 달리기의 차이가 무엇인지 물어보면 아이들은

"첫 번째 달리기는 풍선에 맞아도 그대로 목적지까지 갔지만, 두 번째 달리기는 풍선을 터뜨리면서 갔습니다." 라고 말합니다.

아이들에게 풍선은 스트레스를 주는 불안과 우울과 같은 감정 이라는 것을 말해줍니다. 그리고 원하는 목적지에 효과적으로 가 기 위해서 불안과 우울과 같은 감정을 만났을 때 어떻게 하면 좋을 지 생각해 보도록 합니다. 아이들은 두 번째 달리기에서 풍선을 터 뜨리느라 더디게 목적지에 간 것처럼 원치 않는 감정과 생각을 만날 때마다 이를 없애려고 할수록 목적지까지 가는 시간이 더 오래 걸 림을 경험적으로 알게 됩니다.

'이상한 달리기'에서 아이들은 불편한 생각, 감정, 그리고 기억을 만나더라도 이와 싸우지 않고 가치를 향해 달려갈 수 있는 '기꺼이 경험하기(Willingness)'를 연습해 볼 수 있습니다. 부정적인 생각

과 감정을 기꺼이 경험한다는 것은 그 생각과 감정을 좋아해야 한다는 것이 아닙니다. 또, 부정적인 내적 경험을 하는 순간이 지나고 좋은 순간이 올 때까지 견뎌야 한다는 것과도 다릅니다. '기꺼이 경험하기'는 불편한 생각과 감정을 좋아하거나 견디는 것이 아니라 우리 삶의 일부로 받아들이는 것을 말합니다.

첫 번째 달리기에서 목적지에 도착해도 터뜨리지 않은 풍선이 그대로 있었던 것처럼 불편한 생각과 감정은 가치를 향해 행동하더라도 사라지지 않습니다. 다만, 가치를 향해 걸어간 만큼 불편한 생각과 감정과의 '거리'는 멀어지고, 가까이서 볼 때처럼 커 보이지 않습니다. 불편한 생각과 감정을 피하거나 없애려고 하지 않고 있는 그대로 둔 채로 멀어져 본 경험은 지금 이 순간 힘든 감정에 충분히 머무를 힘을 줍니다. 불편한 흰곰을 있는 그대로 받아들이면서 이 순간을 충실히 살아간 경험은 우리를 더 자라게 하고 더 커진 우리에게 흰곰은 예전만큼 무겁지 않기 때문이죠.

04 │ 우리를 가두는 말의 힘

수용–전념 치료에서는 불안하지 않아야 하고 싶은 것을 할 수 있다고 말하지 않습니다. 수용–전념 치료에서는 불안해도 원하는 것을 할 수 있다고 이야기합니다. '불안하지 않으면 발표를 할 수 있을 거야'라고 생각하는 학생을 예로 들어보겠습니다. 아이에게 불안은 발표할 수 없는 이유가 되고 불안이 없어져야 발표를 할 수 있다고 생각합니다. 불안이 있어도 발표를 할 수 있도록 하려면 어떻게 하는 것이 좋을까요? '이상한 달리기'를 떠올려 봅시다.

'이상한 달리기'에서 풍선은 불편한 생각, 감정, 자기–판단, 감각, 그리고 기억과 같은 부정적인 내적 경험을 의미했습니다. 풍선을 터뜨리지 않고 목적지까지 달려가 본 경험은 우리를 초조하게 하거나 불안하게 하는 내적 경험들이 시간이 지나도 사라지진 않지만 익숙해진다는 것을 알려 주었습니다.

불편한 생각, 감정, 그리고 기억을 있는 그대로 경험하면서 가치를 둔 방향으로 행동하면 우리는 성장하게 되고, 목적지에서 바라보면 한때 우리를 압도하던 흰곰은 예전만큼 커 보이지 않습니다. 다른 목적지로 출발할 때 다시 그 흰곰을 만날 수 있지만 예전처럼 흰곰이 두려워서 멈춰서거나 흰곰과의 싸움에 갇히는 것이 아니라, 함께 가치를 향해 걸어갈 수 있습니다. 흰곰을 받아들이면 흰곰을 만나게 되는 이유가 궁금해집니다. 익숙한 행동 패턴에서 벗어나 새로운 도전을 할 때 우리는 낯선 흰곰을 만나게 되고 낯설어서 어색하고 불편합니다.

불안해도 발표를 할 수 있으려면 '이상한 달리기'에서처럼 불안을 있는 그대로 받아들이면서 발표를 해보는 한 번의 '경험'이 중요합니다. 불안이 없어질 때까지 발표를 미루는 것이 아니라 불안하더라도 발표를 해보는 것은 불안이 커졌다가 작아지는 것을 경험해 볼 수 있도록 합니다. 우리를 주저앉히던 불안이 발표가 끝났을 때 사라지진 않았지만 처음 만났을 때처럼 두렵진 않습니다. 숨이 막힐 것처럼 커 보이던 불안이 발표를 마치고 조금 익숙해졌기 때문입니다.

물론, 한 번의 경험으로 다음에 발표할 때 아예 불안이 사라지거나 견딜 만해지는 것은 아닙니다. 다만 불안을 안고 발표를 한 경험은 '불안하지 않아야 발표를 할 수 있다'라는 생각에 '거리'를 둘 수 있도록 도와줍니다. 생각에 거리를 둠으로써, 우리는 생각이 사실인지 아닌지 논쟁하는 것에서 벗어날 수 있습니다. 불안을 없애는 방법이 무엇인지 생각하느라 시간과 힘을 쓰는 것에서 벗어나, 발표하는 지금 이 순간에 집중할 수 있습니다. 불안은 작아졌다가 커지고, 커졌다가 작아지면서 우리를 불편하게 하지만, 발표가 끝날 때쯤이면 처음 만났을 때보다 불안이 낯설지 않습니다. 발표하면서 불안과 익숙해진 경험은 다음에 다시 발표할 수 있는 용기를 주고, 불안에 충분히 머무를 힘을 키울 수 있도록 도와줍니다.

생각에 거리를 두는 것을 수용-전념 치료에서는 '탈 융합(Cognitive De Fusion)'이라고 합니다. 가치를 향해 걸어가면서 한때 우리를 압도하던 생각, 감정, 그리고 기억들에 익숙해져 본 경험은 부정적인 내적 경험과 '거리'를 둘 수 있도록 우리를 도와줍니다. 불편한 생각, 감정, 그리고 기억이 떠오를 때마다 이를 없애거나 피하려고 하지 않고 있는 그대로 '수용'해도 괜찮다고 말해줍니다. '탈 융합'은 '수용'과 밀접한 관련이 있으며, 수용-전념 치료의 첫 번째 기둥인 '마음을 여는 과정(Open)'의 핵심이 됩니다.

우리는 자신에 관한 이야기를 만들어 내고, 불편한 생각, 감정, 그리고 기억에 대한 이유를 생각해 냅니다. '나는 멍청한 사람이야.'라는 생각에 '융합'이 되면 이를 사실이라고 여기고 실패나 좌절의 원인으로 여깁니다. 일상에서 경험하는 실수와 실패는 '나는 멍청한 사람이야.'를 증명하는 훌륭한 증거가 됩니다.

이때, 우리를 불편하게 하는 것은 '나는 멍청한 사람이야.'를 뒷받침해 주는 사건들이 아닙니다. 오히려 나의 의견이 다른 사람들에게 받아들여져서 문제를 해결한 경우와 같이 '내가 멍청하지 않은 것 같은 경험'들이 나를 당황하게 합니다. '나는 멍청한 사람이야.'라는 생각에 '융합'이 되어 있었기 때문에, 성공은 우연이라고 여기고 한 번의 성공으로 만족해서 새로운 시도를 해보기 두려워합니다. 그러다가 사소한 실수라도 하게 되면 '거 봐, 역시 나는 멍청한 사람이야.'라고 안도합니다. 이처럼 '융합(Cognitive Fusion)'은 자신에 대한 이야기를 '사실'이라고 믿게 하고, 그 이야기가 말하는 대로 살아가도록 유도합니다. 우리는 왜 생각과 '융합'을 하는 걸까요?

생각과 '융합'을 하는 이유를 알기 위해서는, 수용-전념 치료의 기본 철학인 '기능적 맥락주의(Functional Contextualism)'의 철학적 가정을 살펴볼 필요가 있습니다. '경험 회피'와 '수용'과 마찬가지로, '융합'과 '탈 융합'도 '행동'입니다. '기능적 맥락주의'에서는 우리가 어떤 방식으로 계속 행동하는 이유는 그 행동이 어떤 방식으로든 '기능'하기 때문이라고 봅니다. 부정적인 기능이든, 긍정적인 기능이든 어떤 역할을 하므로 행동이 유지되는 것이죠. 그렇다면 '융합'은 어떤 기능을 하는 것일까요?

우리는 불편한 생각, 감정, 그리고 기억과 같은 원치 않는 경험을 할 때 이를 그대로 받아들이는 것이 힘들기 때문에 그 경험을 할 수밖에 없는 '이유'를 생각해냅니다. '불안하기 때문에 발표를 할 수 없어'. 또는 '나는 멍청하기 때문에 또 실패할거야.'라는 생각으로 지금 경험하는 불안, 실망, 좌절과 같은 부정적인 내적 경험을 정당화합니다. 흰곰을 만날 수밖에 없는 이유를 만들어내면서, 부끄럽고 피하고 싶은 생각, 감정, 그리고 기억을 어쩔 수 없이 만날 수밖에 없는 것이라고 스스로 위로합니다. 이처럼 '융합'은 피하고 싶은 생각, 감정, 자기-판단, 감정, 그리고 기억에 대한 이유를 만들어서 잠깐이지만 고통으로부터 피할 수 있도록 '기능'합니다.

자신에 대한 이야기와 '융합'이 되면, 우리는 이야기에 따라 행동합니다. '나는 멍청한 사람이야'라는 생각에 빠지게 되면 일상에서 경험하는 실수와 실패들만 크게 보입니다. 자신이 '생각'해낸 이야기가 사실이라고 굳어지면서 새로운 시도를 할 용기를 잃습니다.

'나는 멍청한 사람이야.'라는 생각을 '나는 똑똑한 사람이야.'로 바꾸는 것은 '탈 융합'이 아닙니다. 수용-전념 치료에서는 '비합리적인 생각'을 '합리적인 생각'으로 바꾸기 위해 노력하지 않습니다.

'탈 융합'은 생각에 대해 거리를 두는 것에서 출발합니다. 생각은 말로 이루어져 있고, 우리는 말이 가리키는 방향을 봅니다. 우리를 가두는 말의 힘을 알아볼 수 있는 경험적 연습을 소개합니다(이선영, 2017).

경험적 연습 7 · 우리를 가두는 말의 힘

1. 흰 종이를 한 장 준비하고, 반으로 접습니다.

2. 한쪽에 부담감, 실패, 답답함, 두려움, 다툼 등 부정적인 단어들을 5~8개 적습니다.

3. 내가 쓴 부정적인 단어들이 주는 느낌을 떠올려 봅니다. 예를 들어, '실패'는 '부끄러운', '화나는'과 같은 느낌을, 불안은 '뾰족한', '답답한'과 같은 느낌을 줍니다.

4. '부끄러운 실패' 또는 '뾰족한 불안'과 같이 부정적인 그 단어들이 우리에게 주는 느낌을 가진 단어로 꾸며봅니다.

5. 다 쓰면, 다른 한쪽에 아까 쓴 부정적인 단어들을 똑같이 씁니다. 그리고 어울리지 않는 말로 그 단어들을 꾸며봅니다. '만족한 실패', '따뜻한 불안', '말랑한 다툼'과 같이 쓰면 됩니다.

6. '부끄러운 실패'와 '만족한 실패', '뾰족한 불안'과 '따뜻한 불안', '짜증 나는 다툼'과 '말랑한 다툼'과 같이 부정적인 단어도 꾸며주는 말에 따라 다른 의미를 가질 수 있습니다.

※ 이선영(2017). (꼭 알고 싶은) 수용—전념 치료의 모든 것.
서울: 소울메이트. 참고

아이들은 '우리를 가두는 말의 힘' 활동으로, 평소 자신이 얼마나 습관적으로 언어가 가리키는 방향으로 생각하고 느끼는지 알 수 있습니다. 부담감, 두려움, 불안, 실패, 다툼과 같은 부정적인 명사는 '피하고 싶은' '짜증 나는' '부끄러운' '숨 막히는' 등과 같은 부정적인 형용사와 짝지어집니다. 부담감은 답답하고, 두려움은 숨이 막히며, 불안은 짜증나고, 실패는 부끄럽습니다.

더 나아가면, 부담스러운 상황은 답답하고, 두려운 상황은 숨이 막히며, 불안한 상황은 짜증나고, 열심히 노력했는데도 실패하면 부끄럽다고 느끼게 됩니다. 이처럼 습관적으로 말이 가리키는 방향으로 생각하고 느끼면 부담감, 두려움, 불안, 실패는 피하거나 없애고 싶은 '문제'가 됩니다. 부정적인 단어들이 만들어내는 불편한 생각, 감정, 그리고 기억과 같은 내적 경험은 '문제'가 되기 때문에 우리는 이를 해결하기 위해 최선을 다하는 '함정'에 갇힙니다. 여기서 우리는, 부정적인 생각과 감정과 싸우느라 원하는 삶을 살기 위한 힘과 시간을 낭비하던, 이 책의 처음으로 되돌아갑니다.

'우리를 가두는 말의 힘'에서 벗어나기 위해서는 말이 가리키는 방향으로 고개를 돌리던 습관을 고쳐야 합니다. '부끄러운 실패'를 '만족한 실패'로 바꾸면 어떻게 느껴지나요? 실패라는 단어는 똑같지만 이 단어가 주는 느낌은 달라집니다. 실패는 부끄러울 수도 있지만 도전에서 얻은 것이기 때문에 만족스러울 수 있습니다. '힘든 부담감'을 '푹신한 부담감'으로 '뾰족한 다툼'을 '말랑한 다툼'으로 바꿀 때도 단어가 주는 느낌이 달라집니다. 이처럼 '탈 융합'은 우리를 가두는 말의 힘에서 멀어지는 것에서 시작됩니다.

05 | 말 깨뜨리기

수용-전념 치료에서는 '언어적 관계형성이론(Relational Frame Theory)'으로 말이 가진 힘을 설명합니다. 우리는 수많은 경험을 하며, 말로 경험을 평가합니다. 말은 시간과 공간을 넘어 경험을 전달하고 언어화된 경험은 우리의 행동에 영향을 미칩니다. 어린아이일수록 어른들의 말로 자신의 경험을 '좋다' '나쁘다', '잘한다', '못한다' 등으로 평가하고 그 평가에 따라 현재 자신의 행동을 결정합니다.

어려서부터 형과 비교를 많이 하는 부모님에게서 자란 아이를 예로 들어보겠습니다. 형은 어려서부터 부모님 말씀도 잘 듣고 떼를 쓰거나 친구들과 싸우는 일도 많지 않았습니다. 부모님은 형을 기준으로 둘째 아이를 꾸짖거나 칭찬했습니다. 장난을 쳐서 물건을 깨뜨리거나, 친구와 싸우거나, 실수 할 때마다 '형은 안 그런 데 너는 왜 그러니?'라고 꾸짖었습니다.

심지어 잘할 때조차 '형처럼 잘하니까 얼마나 예쁘니!'라며 칭찬했습니다. 형은 기준이 되고 아이는 '형처럼 해야 잘한다고 칭찬받을 수 있다.'라는 생각을 갖게 되었습니다.

초등학교에 입학하면서 형의 역할은 다른 친구들이 맡게 되었습니다. 선생님이 다른 친구들을 칭찬하는 모습을 보면서 '형처럼 해야 잘한다고 칭찬받을 수 있다.'라는 생각은 '잘하는 친구처럼 해야 칭찬받을 수 있구나.'라는 생각으로 넓어졌습니다. 가끔 선생님이 자신을 칭찬하더라도 자신이 잘해서 칭찬받았다기보다는 '잘하는 친구처럼 행동했기 때문에 칭찬을 받을 수 있었다.'라고 믿었습니다. 커가면서 친구의 역할은 주변의 다른 사람들이 맡게 되고 생각은 점점 일반화되었습니다.

'잘하는 친구처럼 해야 칭찬받을 수 있다.'는 생각은 어느 순간부터 아이에게 사실이 되고 아이는 생각에 '융합'됩니다. 성인이 되었을 때도 '잘하는 사람처럼 해야 칭찬받을 수 있다.'는 생각에 따라 지금 자신의 행동을 결정합니다. 스스로 결정해야 하는 상황을 피하고 혼자 내린 결정이 불안해져서 끊임없이 다른 사람과 비교합니다. 생각에 갇혀서 상황에 따라 유연하게 대처하기 힘들어집니다. 생각에 '융합'되면 불편한 생각을 일으키는 상황을 피하고자 '경험 회피'로 행동하게 되고, 한때 사실이었을 수도 있는 생각에 가려진 지금 이 순간의 다른 선택을 보지 못합니다.

수용-전념 치료에서는 생각을 '사실'로 받아들이는 것에서 벗어나, 생각이 생각임을 '알아차리는 것'을 목표로 합니다. '언어적 관계 형성이론'에 따르면 마음은 끊임없이 한 사건을 다른 사건과 관련짓고 이 과정에서 경험은 범주화되며 판단됩니다. 말은 경험을 평가하고 생각으로 표현되며 생각은 사실로 굳어져서 우리 행동을 결정합니다.

'우리를 가두는 말의 힘'에서 아이들이 실패, 불안, 좌절과 같은 단어에 '부끄러운', '뾰족한', '피하고 싶은'과 같은 부정적인 말을 습관적으로 짝지었다는 것을 기억하나요? '부끄러운 실패', '뾰족한 불안', '피하고 싶은 좌절'과 같이 어떤 경험이 부정적인 말과 짝지어졌을 때 그 경험들은 피하고 싶은 대상이 됩니다. 말이 만들어 낸 생각을 사실 그대로 받아들일 때 '인지적 융합'은 시작됩니다.

이처럼, 우리는 경험을 말로 기억하고 언어화된 경험을 평가하고 판단하며 범주화하고 일반화하면서 어느 순간 그 말들이 가리키는 방향만 보면서 살아갑니다. 특히 불안, 우울, 슬픔, 지루함, 불안정함과 같은 부정적인 말로 기억된 경험들은 지금 이 순간은 물론 다가올 순간에도 경험하고 싶지 않기 때문에 피하거나 도망칩니다.

'혼자가 아니라는 것을 느끼는 자비'에서 이야기한 것처럼, 사람은 누구나 원치 않는 감정과 기억을 경험합니다. 살면서 만날 수밖에 없는 불편한 감정, 생각, 그리고 기억을 피하려고 하거나 없애려고 할수록 '피부 안의 세상'에서 우리는 그 감정, 생각, 그리고 기억을 더 자주 경험합니다. 수용-전념 치료에서는 '피부 안의 세상'에 속하는 생각, 감정, 자기-판단, 감각, 그리고 기억이 우리를 고통스럽게 하거나 불편하게 할 때 이를 덜 경험하기 위해서 하는 행동을 '경험 회피'라고 이야기합니다.

'경험 회피'는 지금 이 순간 원하는 삶을 살기 위한 시간과 힘을 불편한 생각, 감정, 그리고 기억과의 싸움에 쓰게 하면서 원하는 것으로부터 우리를 멀어지게 합니다. '괴물과의 줄다리기'에서 살펴보았듯이 불편한 생각, 감정, 그리고 기억에서 벗어나려고 할수록 피하고 싶은 괴물은 더 큰 힘으로 우리를 잡아당겼습니다.

불편한 생각과 감정을 줄이거나 없애기 위해 최선을 다함에도 불구하고 여전히 그 생각과 감정을 경험할 때 우리는 자신을 무능력하거나 의지가 약하다고 자책하기 쉽습니다. 또, 다른 사람과 비교하면서 나만 그런 것 같은 소외감에 빠지기도 합니다. 이처럼 '경험 회피'는 고통이 더 깊어지는 원인이 됩니다. 그러면 우리를 '경험 회피'로 행동하도록 하는 것은 무엇일까요?

'경험 회피'는 '인지적 융합'에서 시작됩니다. 앞에서 이야기했듯이, 과거의 경험은 말로 기억되고 평가됩니다. 만약, 과거의 경험이 불안이나 우울과 같은 감정을 불러일으켰다면 우리는 지금 이 순간 또는 다가올 순간에 그와 비슷한 경험을 하고 싶지 않습니다.

불안과 우울을 습관적으로 부정적인 말과 짝지으면서 불안하거나 우울한 것은 피해야 한다고 '생각'하기 때문이죠. 이처럼 '불안하거나 우울한 것은 나쁜 것이다.'라는 생각과 '융합'되면, 불안과 우울을 일으키는 경험 자체를 회피하게 됩니다. '이러한 인지적 융합'에서 벗어나기 위해서는 어떻게 해야 할까요?

'인지적 융합'에서 벗어나기 위해서는 우리가 얼마나 말이 가리키는 방향으로 습관적으로 '생각'하고, 그 '생각'을 '사실'로 믿는지 살펴볼 필요가 있습니다. '우리를 가두는 말의 힘' 활동에서 '부끄러운 실패'를 '만족한 실패'로 바꾸었던 것을 떠올려 봅시다. 실패에 어울리는 말을 떠올려 보라고 했을 때 처음에 아이들은 '부끄러운' '창피한' '짜증 나는' 피하고 싶은' 등 부정적인 단어들을 말했습니다. '부끄러운 실패' '창피한 실패' '짜증 나는 실패' 그리고 '피하고 싶은 실패'는 우리에게 어떤 느낌을 주나요? 실패는 '말'일 뿐인데 우리는 어느덧 실패를 만나고 싶지 않거나 피해야 하는 부정적인 것으로 '판단'하게 되지 않았나요? 만약, 과거의 경험이 '실패'라는 단어로 기억되었다면 우리는 '실패'로 기억된 경험과 비슷한 상황을 피하고자 노력하면서 '경험 회피'로 행동합니다.

아이들에게 '실패'를 긍정적인 말로 꾸며보라고 하면 한참을 생각합니다. '실패'를 부정적인 말과 짝짓는 것에 익숙해졌기 때문입니다. 한참을 고민하던 여자아이가 '부끄러운 실패'를 '만족한 실패'로 바꾸었습니다. '부끄러운 실패'는 부정적인 느낌을 주지만 '만족한 실패'는 실패를 좀 더 긍정적으로 바라볼 수 있도록 합니다. 이처럼, 말은 말일 뿐 꼭 그 말이 가리키는 방향으로 생각할 필요도 사실이라고 믿을 이유도 없습니다.

과거의 경험이 실패로 기억되었다고 해서 앞으로 만나게 될 과거의 경험과 비슷한 상황을 피하지 않아도 됩니다. 중요한 건, 말로 기억된 과거의 경험과 비슷한 상황을 만나게 되었을 때, 그 순간을 피하지 않고 온전히 경험하면서 다른 선택을 할 수 있음을 체험하는 것이 필요합니다. 그때와 다른 선택을 할 수 있음을 경험하면 우리는 실패나 좌절로 기억된 비슷한 상황이 와도 피하거나 외면하지 않을 수 있습니다. 그 순간을 '수용'한 경험은 실패와 좌절로 기억된 경험과 비슷한 상황을 '기꺼이 경험할 수 있는' 용기를 주기 때문입니다.

위에서 살펴본 것과 같이, 수용-전념 치료에서 말하는 '탈 융합

(Cognitive De fusion)'은 말이 가진 힘에서 거리를 두는 것을 의미합니다. 우리는 경험을 말로 기억하기 때문에 경험을 부정적인 말로 기억하면 그 경험도 부정적으로 여깁니다. 우리는 실제 사건뿐만 아니라 생각만으로도 이와 관련된 감정을 경험합니다.

'나는 재미없는 선생님이다.'라는 생각을 예로 들어보겠습니다. 이 생각은 갑자기 생겨나지 않고 과거의 경험들로부터 비롯됩니다. 열심히 준비한 수업이 아이들에게 호응이 없었던 기억, 옆 반 선생님은 재미있는데 우리 반 선생님은 재미가 없다고 아이들에게 들은 말, 또는 수업 시간에 집중하지 않고 딴짓을 하고 있는 아이들의 모습 등 과거의 사건들이 '나는 재미없는 선생님이다.'라는 생각을 갖게 했습니다.

한번 생겨난 '나는 재미없는 선생님이다.'라는 생각은 좀처럼 떨어지지 않습니다. 혼자 있다가도 이 생각이 나면 피하고 싶은 과거의 경험들이 같이 떠오르고, 불안, 창피함과 같은 감정을 경험합니다. 열심히 수업하다가도 딴짓을 하고 있는 아이의 모습에 '내가 재미없으니까, 아이들이 집중 못 하고 있는 거겠지.'라고 생각하며 자신 감을 잃기도 합니다.

결국, '나는 재미없는 선생님이다.'라는 생각을 사실로 믿고 생각에 갇힌 채 지금 이 순간에 집중하지 못하며 눈앞에 있는 아이들과 눈을 마주치지 못합니다. 생각에 갇혀서 지금 이 순간을 온전히 살지 못하고 과거를 반복합니다. 서둘러 수업을 마무리하거나 상황에 어울리지 않는 흥밋거리를 제시하며 지금 이 순간을 모면하고자 합니다.

수용-전념 치료에서는 '인지적 융합'에 대한 대안으로 '탈 융합'을 제안합니다. '탈 융합'은 부정적인 생각을 긍정적인 생각으로 바꾸는 것을 의미하지 않습니다. 수용-전념 치료에서 이야기하는 '탈 융합'은 생각을 '사실'로 믿는 것에서 벗어나 생각에 '거리'를 두는 것을 말합니다. 생각은 '말'로 이루어졌기 때문에 생각에 '거리'를 둔다는 것은 말이 가진 힘에서 거리를 둔다는 것을 의미합니다.

위에서 이야기한 '나는 재미없는 선생님이다.'라는 생각과 거리를 두기 위해서도 마찬가지입니다. 아이들이 수업을 지루해하거나 집중하지 못하는 상황이 오면 그 순간을 온전히 경험하는 것이 필요합니다. 과거와 비슷하게 수업을 급히 마무리하거나 흥밋거리를 제시하지 말고, 수업을 계속할 수 있는 용기가 필요합니다. 아이들이 선생님을 재미가 없다고 생각하며 수업을 지루해할 수 있음을 인정하고, 그 순간의 민망함과 초조함을 온전히 수용하면서, 정해진 계획에 맞게 천천히 수업을 마무리하는 선택을 한다면, 급히 수업을 마무리하거나 흥밋거리를 제시할 때와는 다른 경험을 할 수 있습니다. '나는 재미없는 선생님이다.'라는 생각이 가실 것인지 아닌지를 따지는 것에 소모되던 시간과 힘을 지금 이 순간 함께 있는 아이들에게 집중하며 수업을 마무리하는 데 쓸 수 있습니다.

똑같은 말을 계속 반복하다 보면, 익숙한 말이 어색하게 느껴지는 것에 경험을 해본 적이 있을 것입니다. 주스라는 단어를 예로 들어보겠습니다. 주스라는 말을 발음했을 때 어떤 느낌이 들었나요? 주스를 직접 마시지는 않았지만, 입에 시큼한 맛이 나면서 주스와 관련된 추억도 떠오르지 않았나요?

이번에는 주스를 30초 동안 또렷하면서도 빨리 말해보도록 하겠습니다. 주스를 여러 번 말하다 보면 발음이 어색하게 느껴지기 시작합니다. 처음 주스라는 말을 했을 때 느낀 시큼한 맛도 떠오른 추억도 희미해집니다. 우리를 괴롭게 하는 생각도 마찬가지입니다. 상처가 되는 말들을 그저 말로 볼 수 있다면 그 말이 끌어당기는 부정적인 감정들에서 멀어질 수 있습니다. 교실에서 '탈 융합'을 경험해 볼 수 있는 '말 깨뜨리기' 활동을 소개합니다(이선영, 2017).

경험적 연습 8 · 말 깨뜨리기

1. '주스'라는 단어를 말해봅니다.

2. '주스'라고 말하면서, 무엇이 떠올랐는지 종이에 써봅니다. 맛, 색깔, 경험 등 생각나는 것은 무엇이든 적어봅니다.

3. 이번에는 '주스'를 30초 동안 말해봅니다.

4. 30초 동안 '주스'를 말해보면서 어떤 경험을 했는지 떠올려 봅니다.

5. '주스'를 처음 말했을 때와 30초 동안 말했을 때 어떤 차이가 있나요? 똑같은 단어를 계속 말해보면 우리는 그 단어가 그저 '말'이라는 것을 알 수 있습니다.

6. 이번에는 가지고 있는 자신에 대한 부정적인 생각을 한 단어로 만들어 봅니다. '모질이' 또는 '바보'와 같이 정하면 됩니다.

7. 여러분이 정한 단어를 말했을 때 주는 느낌을 적어봅니다.

8. '주스'를 말한 것처럼, 이번에는 여러분이 정한 단어를 30초 동안 말해봅니다.

9. '주스'를 30초 동안 말했을 때와 마찬가지로, 여러분이 자신에게 붙인 부정적인 이름도 말할수록 그 의미가 조금씩 희미해집니다. 이처럼 말은 그저 말이라는 것을 경험할 때, 우리는 그 말이 가진 생각에 거리를 둘 수 있습니다. 생각에 거리를 둔다는 것은 그 생각과의 싸움에서 벗어난다는 것을 의미합니다.

※ Hayes, S. C., & Smith, S.(2010). 마음에서 빠져나와 삶 속으로 들어가라: 새로운 수용전념치료. 문현미 민병배 역.
서울: 학지사. '연습: 우유라는 단어를 최대한 빨리 말해 보기' 참고

'말 깨뜨리기' 활동에서 아이들은 평소에 익숙한 주스라는 단어가 어색해지는 경험을 합니다. 30초 동안 주스를 반복해서 말하다 보면, 처음에 주스를 떠올릴 때 느낀 시큼한 맛과 색깔들이 사라지고 어느새 주스라는 말만 남습니다. 주스와 마찬가지로 스스로 가지고 있는 자신에 대한 부정적인 생각도 반복해서 말하다 보면 그 생각과 관련된 감정은 조금씩 희미해집니다.

'말 깨뜨리기' 활동에서는 생각이 생각임을 알아차리는 것이 목표입니다. 마음은 생각을 끊임없이 만들어 냅니다. '생각'과 '생각하는 나' 사이에 거리가 생길 때 우리는 여유로워집니다. 생각은 날씨와 같아서 우리가 마음대로 할 수 없지만 생각하는 나는 지금 이 순간의 행동을 선택할 수 있습니다. 마음이 끊임없이 만들어 내는 생각을 생각 그대로 둔다면 생각과의 씨름에 현재를 쓰는 것이 아니라 우리가 원하는 것을 하기 위해 지금 이 순간을 살아갈 수 있습니다. 원치 않는 생각을 통제하기 위해 힘을 쓰는 것은 '괴물과의 줄다리기'에서 경험했듯이 구덩이에 빠지는 함정이기 때문입니다.

생각에 빠져있으면 우리는 생각을 그 대상이 가지고 있는 속성이라고 믿게 됩니다. 말이 가리키는 방향으로 생각하면서 지금 이 순간 실제로 경험하고 있는 것을 자신에 관한 이야기에 맞게 해석합니다. 이때, 우리를 힘들고 괴롭게 하는 생각을 이루는 말들을 그저 말로 볼 수 있다면 오랫동안 반복된 생각대로 세상을 바라보지 않아도 된다는 것을 경험할 수 있습니다. 검은 선글라스를 끼고 세상을 볼 때는 세상이 온통 까맣게 보이지만 선글라스를 벗으면 세상이 제 빛깔을 찾는 것처럼 말입니다. 눈이 아플까 봐 쓰는 선글라스를 벗어야 눈이 부신 지금 이 순간을 살아갈 수 있습니다.

06 | 생각과 거리 두기, 그리고 가치 찾기

생각에 빠지면 생각이 시키는 대로 행동합니다. 오래되고 익숙한 생각일수록 우리는 그 생각이 다만 '생각'일 뿐이라는 것을 잊고 '사실'로 받아들여 행동을 결정합니다. '탈 융합'은 반복적으로 되풀이되는 생각에 거리를 둠으로써 습관적으로 선택한 행동들이 지금 이 순간 진정으로 하고 싶었던 것인지 돌아볼 수 있도록 도와줍니다.

수용-전념 치료에서는 우리가 생각에 지나치게 많은 시간을 쓰게 될 때 문제가 발생한다고 이야기합니다. 부정적인 생각이 문제가 아니라 부정적인 생각에 빠져 끊임없이 논쟁하는 것을 문제라고 보는 것이죠. 마음은 끊임없이 생각을 만들어 내지만 한 번의 생각은 내가 아닙니다.

부정적인 생각이 떠오를 때마다 도망치거나 피하는 것도 애써 긍정적인 생각으로 바꾸는 것도 도움이 되지 않습니다. '탈 융합'은 우리를 힘들게 하는 생각을 애써 긍정적으로 생각하도록 자신을 설득하는 것이 아닙니다. 부정적인 생각이 떠오를 때 그 생각을 한 번의 생각으로 경험하는 것이 '탈 융합'입니다.

물론, 우리를 괴롭고 힘들게 하는 생각이 들면 그 생각이 사실이 아니라고 논쟁하거나 외면하고 싶어집니다. 앞서 예를 든 '나는 재미없는 선생님이다.'라는 생각처럼 자신을 능력이 없다고 판단하고 평가하면서 자책하도록 합니다. 이 생각과 거리를 둘 수 있는 간단한 방법이 있습니다. '나는 재미없는 선생님이다.'를 '나는 재미없는 선생님이라는 생각을 하고 있다.'라고 바꾸어 보는 것입니다.

수업 시간에 아이들이 집중하지 못할 때 예전 같으면 '수업이 재미가 없으니까, 아이들이 또 집중 못하고 있구나.'라고 생각하면서 맥이 바빠졌겠지만, 이번에는 좀 다릅니다. '나는 재미없는 선생님이다.'라는 생각을 '나는 재미없는 선생님이라는 생각을 하고 있구나.'로 둘 때 어떤 느낌이 드나요? '나는 재미없는 선생님이다.'라는 생각과 씨름하느라 놓친 지금 이 순간을 볼 수 있지 않나요?

생각이 맞고 틀리었는지는 중요하지 않습니다. 중요한 것은 아픈 생각이 떠올라도 지금 이 순간 수업을 해야 한다는 사실입니다. 떠오른 생각이 나를 괴롭히기 때문에 그 생각은 사실이 아니라고 따지고 싶지만 생각이 옳고 틀린 지 따지다 보면 생각과의 거리가 좁

혀집니다. 생각과 가까워질수록 지금 이 순간에 집중하는 것이 힘들어집니다.

'나는 재미없는 선생님이다.'라는 생각이 가리키는 방향만 보게 되고 수업에 집중하지 못하는 아이들만 눈에 들어옵니다. 이때, '나는 재미없는 선생님이라는 생각을 하고 있다.'로 생각과 거리를 두면, 생각과 싸우는 데 시간과 힘을 쓰는 것에서 벗어나 지금 이 순간에 더 집중하면서 책임감 있게 수업을 이끌어 나갈 수 있습니다. 비록 수업에 집중하지 못하는 아이들이 많더라도, 재미없는 선생님이라고 자신을 탓하기보다 지금 이 순간 할 수 있는 것을 찾아 시도해 볼 수 있습니다. 생각과의 씨름으로 주저앉거나 애써 긍정적인 생각으로 바꾸는 데 힘을 쓰기보다는 그 생각을 하지 않고도 지금 할 수 있는 것을 할 수 있습니다.

떠오른 생각은 한 번의 생각입니다. 생각에 빠지면, 생각은 생겨났다가 사라진다는 사실을 잊게 됩니다. 생각과 씨름을 하다 보면 생각은 점점 끈적끈적해집니다. 한 번 머릿속에 자리 잡은 생각은 좀처럼 떨어지지 않습니다. 생각과 씨름을 하지 않기 위해서는 생각과 거리를 두는 것이 필요합니다.

'나는 재미없는 선생님이다.'를 '나는 재미없는 선생님이라고 생각하고 있다.'로 바꾸는 것처럼 생각과 생각하는 사람을 구별하면 생각과 거리를 둘 수 있습니다. 생각과 거리를 두면 생각은 떠올랐다가 지나가고 또 떠오르고 지나가는 것을 반복한다는 것을 깨닫게 됩니다. 불편한 생각이 떠올랐다고 해서 서둘러 자리를 피할 필요는 없습니다. 불편한 생각과 충분히 머무르면서 지금 이 순간을 살아가다 보면 불편한 생각은 마음이 만들어 낸 다른 생각에 자리를 내줍니다. 불편한 생각이 다시 떠올라도 그 생각이 예전만큼 무섭지 않습니다. 피하거나 외면하지 않고 있는 그대로 받아들이면 불편한 생각이 작아지는 것을 경험했기 때문입니다. '불안하지 않아야 발표할 수 있다.'를 '불안해도 발표할 수 있다.'로 바꾸었을 때, 불안과 싸우지 않고도 지금 이 순간 하고 싶은 것을 할 수 있었던 것처럼 말입니다.

힘든 생각은 가치를 포함합니다. '나는 재미없는 선생님이다.'라는 생각이 나에게는 중요하지만 다른 선생님들에게는 중요하지 않을 수 있습니다. 모두가 '선생님은 재미있어야 한다.'는 생각에 동의하지 않기 때문입니다. 다만 '선생님은 재미있어야 한다.'는 가치를 가진 선생님에게는 '나는 재미없는 선생님이다.'라는 생각이 아픕니다. 우리에게는 중요하다고 생각하는 가치가 있고 스스로 그 가치에 부족하다고 생각할 때, 그 생각은 우리를 힘들게 하기 때문입니다. '인지적 탈 융합'으로 어떤 생각과 거리를 둔다는 것은 역설적으로 우리가 어떤 가치를 갖고 있는지 돌아볼 수 있도록 도와줍니다.

또 그 생각과 거리를 둠으로써 지금 자신이 하고 있는 행동이 그 가치를 향해 가는 데 도움이 되는지 살펴볼 수 있습니다. 여러분도 반복적으로 떠오르는 생각으로 힘이 들 때 그 생각이 알려주는 자신의 가치를 찾아본다면 어떨까요? 더 나아가 그 가치가 내 삶을 좀 더 의미 있게 만들어 주는 것인지 고민을 해본다면 불편한 생각, 감정, 그리고 기억을 하지 않고도 지금 이 순간을 살아갈 수 있을 만큼 성장할 수 있지 않을까요?

07 '그러나' 또는 '그리고'

마음은 이야기를 만들고, 기억을 이야기에 맞게 이어 붙입니다. 모든 순간이 기억되기보다는 이야기에 어울리는 순간이 기억되거나 기억의 의미가 이야기에 맞게 변형되어 기억됩니다. 이야기가 논리적이고 합당할수록, 그 이야기를 만든 사람이 자기 자신임을 조금씩 잊어갑니다.

대인공포증을 앓는 아이를 예로 들어보겠습니다. 친구들로부터 따돌림을 받은 기억은 가족들에게 소외된 경험은 대인공포증을 가질 수밖에 없는 논리적인 이유가 되고, '나는 대인공포증을 가진 사람이야.'라는 생각이 옳게 여겨집니다. 대인공포증을 가지게 된 이유가 합리적일수록 대인공포증에 어울리는 이야기를 만들고 이야기를 사실로 믿을수록 다른 사람을 만나지 않고 사회 활동을 피하는 방향으로 행동합니다. 자신에 관한 이야기를 사실이라고 믿는 아이는 그 이야기의 등장인물로서 대인공포증을 앓는 사람이 할 법한 행동들을 합니다. 과거는 현재와 미래에서 반복됩니다.

대인공포증을 앓는 아이에게 대인공포증에서 벗어나는 방법을 가르쳐 주는 것은 이 아이가 자신을 대인공포증을 앓는 사람이라고 믿을 때는 큰 효과가 없습니다.

'나는 대인공포증을 가졌기 때문에 친구를 만들지 못하고 있어.' 또는 '대인공포증 때문에 처음 만나는 사람들이 모이는 자리에는 가고 싶지 않아.'와 같이 대인공포증은 불편한 행동을 반복하는 합리적인 이유가 되기 때문입니다.

아이는 대인공포증에서 벗어나는 법을 알고 있을 수도 있습니다. 대인공포증으로 힘들었기 때문에 벗어나기 위해 최선을 다해 노력했기 때문입니다. 또는 대인공포증으로 힘들어하고 있는 아이를 도와주기 위해 부모님과 선생님께서 방법을 알려주셨을 수도 있습니다. 방법을 알고도 대인공포증을 극복하지 못할 때, 아이는 자신이 의지가 없거나 무능력하다고 자책하면서 괴로움의 늪에 빠지기 쉽습니다.

대인공포증에서 벗어나는 방법을 알고 있음에도, 아이는 왜 대인공포증에서 빠져나오지 못할까요? 앞에서도 이야기한 것처럼, 대인공포증이 '이유'가 되기 때문입니다. 대인공포증을 앓는 아이는 친해지고 싶은 친구를 만날 때, '저 친구와 친해지고 싶어. 그러나 나는 대인공포증을 가지고 있어.'라고 생각하며 말을 걸기를 주저합니다. 이 생각은 대인공포증이 사라지지 않으면 친해지고 싶은 친구에게 말을 걸지 못한다는 것을 의미합니다. 친한 친구를 만들려면 먼저 대인공포증이 사라져야 한다고 믿게 되고, '대인공포증을 가지고 있으면 친한 친구를 만들지 못한다.'라고 생각하게 됩니다.

'저 친구와 친해지고 싶어. 그러나 나는 대인공포증을 가지고 있어.'에서 한 단어만 바꾸면, '대인공포증을 가지고 있으면 친한 친구를 만들지 못한다.'라는 생각에 거리를 둘 수 있습니다. '저 친구와 친해지고 싶어. 그리고 나는 대인공포증을 가지고 있어.'는 어떤 느낌이 드나요? '그러나'를 '그리고'로 바꾸었을 뿐인데, '대인공포증이 있으면 친한 친구를 만들지 못한다.'라는 생각과 거리를 둘 수 있지 않나요?

사람들은 문제를 해결하기 위해, 필요한 것은 문제에 대한 해결책이라고 생각합니다. 따라서 '저 친구와 친해지고 싶어. 그러나 나는 대인공포증을 가지고 있어.'라는 생각을 가진 아이를 도와주기 위해서 대인공포증에서 벗어날 방법을 알려줍니다. 대인공포증이 문제이기 때문에 대인공포증에서 벗어날 방법을 알려주면 문제가 해결된다고 보는 것이죠. 하지만 대인공포증에서 벗어나는 방법을 알았다고 해서 하루아침에, 대인공포증에서 자유로워질 수 없습니다. 또, 시간을 들여 대인공포증에서 벗어났다고 하더라도 친해지고 싶었던 친구를 다시 만나지 못할 수도 있습니다. 문제를 해결하는 것은 정답이 아니라 선택입니다.

처음으로 돌아가서 아이가 대인공포증을 없애고 싶은 이유를 살펴봅시다. 아이는 친구와 친해지고 싶었기 때문에, 대인공포증을 없애고 싶었습니다. 바꾸어 말하면, 지금 이 순간 아이가 원하는 것은 대인공포증을 없애는 것이 아니라 친구와 친해지는 것입니다.

'저 친구와 친해지고 싶어. 그러나 나는 대인공포증을 가지고 있어.'를 '저 친구와 친해지고 싶어. 그리고 나는 대인공포증을 가지고 있어.'로 바꾼다면, 아이에게는 '대인공포증을 가지고도 친구에게 말을 걸 것인지' 또는 '대인공포증 때문에 친구에게 말을 거는 것을 포기할 것인지'의 두 가지 선택이 남습니다.

어떤 선택을 하든, 대인공포증은 친구에게 말을 걸지 못하는 이유가 되지 않습니다. 대인공포증을 없애는 데 쓸 시간과 힘을 지금이 순간 원하는 것을 하는 데 쓸 수 있습니다. 대인공포증을 없앨 때까지 기다리는 것이 아니라, 지금 이 순간 대인공포증을 가지고도 친구에게 말을 걸 수 있습니다.

우리를 괴롭히는 생각이 참인지 거짓인지 싸우다 보면, 그 생각은 우리 안에 단단하게 자리를 잡습니다. 생각과의 싸움에서 이겨서 우리를 힘들게 하는 생각이 잠시 물러간다고 하더라도, 그 생각은 이내 다른 논리를 들고 찾아옵니다. 우리에게 주어진 시간은 한정되어 있지만, 생각과의 싸움은 끝이 없습니다.

'나는 대인공포증을 가지고 있다.'라는 생각과 '융합'이 된 아이는 지금 이 순간 하고 싶은 것보다는 이 '생각' 자체에 주의를 빼앗깁니다. '저 친구와 친해지고 싶어. 그러나 나는 대인공포증을 가지고 있어.'에서와 같이, 지금 이 순간 원하는 것이 아닌 '나는 대인공포증을 가지고 있다.'라는 생각에 집중하게 되는 것처럼 말입니다. 한 번 '융합'된 생각은 계속 가지를 뻗어나갑니다. 낯선 사람들이 많이 모이는 모임에 가고 싶어도, '그 모임에 참석하고 싶어. 그러나 나는 대인공포증을 가지고 있어.'라고 생각하면서 가지 않거나, 마음에 드는 이성을 만나도 '데이트 신청을 하고 싶지만, 대인공포증을 가지고 있어서 말도 걸지 못하겠어.'와 같이, '나는 대인공포증을 가지고 있다.'라는 생각은 일상생활에서 행동을 선택하는 기준이 됩니다. 이처럼 '인지적 융합'은 그 생각을 불러일으키는 행동들을 피하게 되는 '경험 회피'의 원인이 되고, 뻗어나간 가지는 점점 많아지고 두꺼워져서 우리를 일정한 행동의 틀 안에 가둡니다.

'인지적 융합'에서 벗어나기 위해서는 생각과 거리를 두는 것이 필요합니다. 생각과 거리를 두는 첫걸음은, 그 생각이 자신이 원하는 삶을 살아가는 데 도움이 되는지 따져보는 것에서 시작합니다. '나는 대인공포증이 있다.'라는 생각이 사실인지 아닌지 따지는 것보다, 지금 이 순간 자신이 원하는 행동을 선택할 수 있는 경험을 하는 것이 중요합니다. 생각과 싸우는 데 쓴 시간과 힘을 지금 이 순간의 행복을 위해 쓸 수 있음을 경험한다면, '나는 대인공포증을 가지고 있다'라는 생각이 사실일지라도 그 생각은 자신의 행동을 결정하는 기준이 되지 않습니다(민인경. 2017).

> ### 경험적 연습 9 · '그러나' 또는 '그리고'
>
> 1. '저 친구와 친해지고 싶어. 그러나 나는 대인공포증을 가지고 있어.'를 '저 친구와 친해지고 싶어. 그리고 나는 대인공포증을 가지고 있어'로 바꾸었을 때 어떤 느낌이 드나요?
> 2. '그러나' 대신 '그리고'를 쓰면 두 문장이 모두 참임을 알 수 있습니다. 앞 문장이 참이기 위해 뒷문장이 거짓일 필요가 없고, 또 뒷문장이 참이기 위해 앞 문장이 거짓일 필요가 없음을 알 수 있습니다.
> 3. 자신에게 있었던 경험을 예시 문장과 같이 써 봅니다. '발표를 하고 싶어. 그러나 실수할까 봐 불안해'와 같이 쓰면 됩니다.
> 4. '발표를 하고 싶어. 그러나 실수할까 봐 불안해'를 '발표를 하고 싶어. 그리고 실수할까 봐 불안해'처럼 '그러나'를 '그리고'로 바꾸어 봅니다.

5. 문장을 바꾸었을 때 어떤 느낌이 들었는지 떠올려 봅니다.

※ 민인경(2017). 수용─전념 집단상담 프로그램이 아동의 완벽주의와 경험회피 감소에 미치는 효과. 석사학위논문. 서울교육대학교. '그러나/그리고 게임' 참고

〈경험적 연습 9〉에서 우리가 자주 빠지는 생각의 함정을 경험해 볼 수 있습니다. 생각과 '융합'이 될수록, 사람들은 '그러나'를 많이 사용합니다. '발표를 하고 싶어. 그러나 실수할까 봐 불안해.'라는 문장에서 우리는 '실수에 대한 불안 때문에 발표를 할 수 없다.'는 생각과 융합되어 있습니다. 실수에 대한 불안 때문에 발표를 할 수 없어서, 불안을 없애기 위해 싸우기 시작합니다. 이처럼 생각의 함정에 빠지면 사람들은 생각에 따라 행동합니다. 생각에 깊이 '융합' 될수록 우리를 함정에 빠뜨리는 생각은 자동으로 떠오르고, 생각이 우리 행동에 영향을 미치고 있음을 알아차리기가 더욱 힘들어집니다.

'발표를 하고 싶어. 그리고 실수할까 봐 불안해.'라는 문장에서처럼, '그러나'를 '그리고'로 바꾸면 어떤 느낌이 드나요? '그러나'를 '그리고'로 바꾸었을 뿐인데, '실수에 대한 불안 때문에 발표를 할 수 없다.'라는 생각과 거리를 둘 수 있지 않았나요? '발표를 하고 싶어. 그리고 실수할까 봐 불안해.'에서 실수할까 봐 불안해서 발표할 수

없는 것이 아니라, 실수할까 봐 불안해도 발표를 할 수 있음을 알 수 있습니다. '그러나'를 '그리고'로 바꿈으로써 생각은 한 번의 '생각'일 뿐 반드시 지켜야 할 '규칙'이 아님을 경험해 볼 수 있습니다.

생각과 거리를 둘 때, 그 생각이 시키는 대로 행동하지 않아도 된다는 것을 알게 됩니다. 또, 생각이 가려버린 다른 선택들도 보이기 시작합니다. 우리를 거두어 온 생각과 거리가 멀어질수록, 세상을 '생각'을 통해 보아왔음을 알아차리게 됩니다.

08 | 마음의 북 울리기

　수용-전념 치료에서는 체스를 비유로 들어 '피부 안의 세상'의 싸움을 설명합니다. 체스판 위에 놓인 검은 말과 흰 말은 서로 치열하게 전쟁을 벌이고, 체크메이트를 향해 최선을 다해 달려갑니다. 흰 말이 검은 말을 압도하다가도, 검은 말의 반격에 흰 말은 궁지에 몰립니다. 실제 체스 게임과 '피부 안의 세상'의 체스 게임의 다른 점은 죽은 말들이 다시 살아난다는 데 있습니다.

　'피부 안의 세상'의 체스 게임에서는 흰 비숍이 검은 나이트를 말에서 떨어뜨려도, 시간이 지나면 검은 나이트가 되살아나 흰 비숍을 무너뜨립니다. 흰 말이 체크메이트를 외쳐도 잠시 후에 검은 말들이 되살아나서 다시 싸움이 시작되고, 검은 말이 흰 말을 모두 몰아내도 시간이 지나면 게임은 처음부터 다시 시작됩니다.

　체스 게임에서 각각의 말들은 '피부 안의 세상'에서 경험하는 감정, 생각, 감각, 자기-판단, 그리고 기억을 의미합니다. 흰 말은 행복, 사랑, 성취, 만족과 같은 긍정적인 내적 경험이며, 검은 말은 불안, 두려움, 실패, 절망과 같은 부정적인 내적 경험입니다. 흰 말과 검은 말이 내적 경험이라면, 체스 게임에서 '나'는 무엇일까요? 글을 계속 읽기 전에 체스 게임에서 '나'가 무엇일지 생각해 봅시다. 체스 게임에서 '나'를 찾았나요?

'피부 안의 세상'의 체스 게임에서 '나'는 '체스판'입니다. 체스판 위에서 검은 말과 흰 말이 전쟁을 벌이고 있는 것과 같이, 부정적인 생각, 감정, 그리고 기억들과 긍정적인 생각, 감정, 그리고 기억들은 '나' 안에서 엎치락뒤치락합니다. 흰 말과 검은 말이 체스판이 아닌 것처럼, 부정적인 생각, 감정, 그리고 기억들과 긍정적인 생각, 감정, 그리고 기억들도 내가 아닙니다. 체스판에서 전쟁의 결과는 크게 중요하지 않습니다. 흰 말이 이기든 검은 말이 이기든 전쟁은 끝이 없이 계속되기 때문입니다. 중요한 것은, 검은 말과 흰 말이 싸우더라도 지금 이 순간을 살아가야 한다는 데 있습니다. '피부 안의 세상'에서 체크메이트는 게임을 끝내지 못합니다.

'피부 안의 세상'의 체스 게임에서 흰 말은 긍정적인 내적 경험을 의미하기 때문에 우리는 흰 말이 이기길 바랍니다. 흰 말이 이기길 바라며 힘을 실어주는 순간, '인지적 융합'은 시작됩니다. '인지적 융합'이 시작되면, '피부 안의 세상'에서 경험하는 생각, 감정, 자기-

판단, 그리고 기억과 거리가 가까워지면서 자신을 특정한 방향으로 정의합니다. '피부 안의 세상'의 체스 게임에서는 흰 말이 이겼다고 해서 게임이 끝나지 않습니다. 우리를 불편하게 하는 생각, 감정, 자기-판단, 그리고 기억을 의미하는 검은 말들이 되살아나면서, 싸움이 처음부터 다시 시작되기 때문입니다. 체스 게임에서 검은 말이 지기를 바라는 것은 '경험 회피'를 의미합니다. '경험 회피'를 하면, 불편한 생각, 감정, 그리고 기억을 외면하는 데 힘을 쓰면서, 지금 이 순간 원하는 삶에서 멀어지게 됩니다.

흰 말이 이기도록 힘을 실어주는 것이 습관이 되면, 싸움의 결과와 관계없이 지금 이 순간을 살아갈 수 있다는 것을 잊습니다. 흰 말이 검은 말을 이겨야만 새로운 삶을 시작할 수 있다고 믿게 됩니다. 지금 이 순간 하고 싶었던 것이 무엇인지 돌아볼 겨를도 없이 흰 말과 검은 말의 싸움에 갇힙니다.

흰 말과 검은 말의 싸움에 갇혀서 현재 순간에 접촉하지 못할 때, 지금-여기에서 원하는 것이 무엇이며 어떤 선택을 할 수 있는지 알아챌 수 있도록 마음의 북을 울리는 것이 필요합니다. '인지적 융합'에서 '탈 융합'으로, '경험 회피'에서 '수용'으로 나아갈 때, 마음의 북을 울릴 수 있습니다. '인지적 탈 융합'은 생각에 거리를 두는 것에서 출발합니다. 생각과 거리를 두면 우리는 '있는 그대로 세상'

이 아니라 '생각'을 통해 세상을 바라보았다는 것을 깨닫습니다. 빨간 선글라스를 벗을 때 세상이 제 빛깔을 찾는 것처럼, 생각을 벗어야 세상을 있는 그대로 모습으로 볼 수 있음을 알게 됩니다. 이 때 만나게 되는 생각, 감정, 그리고 기억을 있는 그대로 받아들이는 것이 '수용'입니다. '수용'은 불편한 생각, 감정, 그리고 기억에서 도망치거나 피하는 것도 아니며, 어쩔 수 없는 것이라고 체념하는 것도 아닙니다. '수용'은 힘들고 아픈 생각, 감정, 그리고 기억이 우리를 괴롭고 고통스럽게 할지라도 피하지 않고 있는 그대로 경험하면서, 지금 이 순간을 살아가는 적극적인 행동입니다.

이번 장에서는 수용-전념 치료의 첫 번째 기둥인 '마음을 여는 과정(Open)'을 살펴보았습니다. 앞에서 이야기한 것처럼, '마음을 여는 과정(Open)'은 '탈 융합'과 '수용'으로 구성되어 있습니다. '탈 융합'과 '수용'은 마음을 어디로 열어줄까요? '탈 융합'과 '수용'은 마음을 '지금 이 순간'으로 열어줍니다. 지금 이 순간을 살아갈 때, 우리는 한 번의 생각, 감정, 그리고 기억을 한 번의 생각, 감정, 그리고 기억으로 경험합니다. 지금 이 순간의 경험들로 마음의 북(Book)이 채워지면, 마음의 북(Drum)도 울리기 시작합니다.

memo

제3장

흰곰과
중심 잡기

1. 한 번의 행동은 한 번의 행동일 뿐 내가 아니다
2. 지금 이 순간, 마음 챙김
3. 마음은 말로 생각을 만든다
4. 세 가지의 나
5. 삶의 작은 변화 인식하기
6. 지금 이 순간을 살아가기
7. 흰곰과 중심 잡기

생각에 빠져있을 때, 우리는 지금 이 순간이 아닌 과거 또는 미래에 있으며, 과거를 곱씹거나 미래를 준비하느라 지금─여기에서 살아가지 못합니다. 변화의 가능성은 과거와 미래에 있지 않고 현재에 있으므로, 지금 이 순간을 온전히 살아가는 것은 무엇보다 중요합니다. 과거에 대한 후회와 미래에 대한 준비로 지금 이 순간을 살아가다 보면, 새로운 시작을 할 수 있는 현재는 지나갑니다.

지금─여기를 살아야 한다는 것은 과거를 성찰하고 미래를 위한 계획을 세우는 것이 필요치 않다는 것을 의미하지 않습니다. 과거와 미래에 관한 생각에 사로잡혀서 지금 이 순간이 새로운 후회로 남지 않도록 현재를 충실히 살아가야 한다는 것을 뜻합니다.

이번 장에서는 '현재 순간에 접촉하기'와 '맥락으로서의 자기'로 구성된 수용─전념 치료의 두 번째 기둥인 '중심을 잡는 과정(Centered)'을 살펴보겠습니다.

01 한 번의 행동은 한 번의 행동일 뿐 내가 아니다

앞 장에서 '탈 융합'과 '수용'이 우리를 '현재'로 열어준다는 것을 배웠습니다. 생각과 거리를 두고, 불편한 감정을 있는 그대로 받아들일 때, 우리는 지금 이 순간을 살아갈 수 있습니다. 하지만 '탈 융합'과 '수용'은 쉽지 않습니다. '피부 안의 세상'에서 일어나는 생각, 감정, 그리고 기억은 우리를 과거와 미래로 데려가기 때문입니다.

지금 이 순간, 마음에 떠오르는 생각, 감정, 그리고 기억들이 불편할 때도 현재를 외면하지만, 그 생각, 감정, 그리고 기억들이 지금 나의 모습보다 나아보일 때에도 지금 이 순간이 아닌, 마음에 그려지는 과거와 미래를 바라며 살아갑니다.

이 책을 읽고 있는 이 순간에도, 마음은 끊임없이 생각, 감정, 자기–판단, 감각, 그리고 기억을 나에게 속삭입니다. 집중해서 글을 읽다가도 불쑥 떠오른 기억의 한 조각에 걸려 넘어지기도 하고, 생각이 다가오는 발걸음 소리가 점점 커져서 주의를 잃기도 합니다.

이처럼 지금 이 순간에 온전히 살아가는 것은 많은 노력이 필요합니다.

수용-전념 치료에서는 과거와 미래 모두 지금 이 순간에 경험된다고 이야기합니다. 과거는 지나간 시간으로 현재와 분리된 것이 아니라 지금 이 순간에 새롭게 경험됩니다. 과거와 마찬가지로 미래도 지금 이 순간에 그려지며 현재의 경험이 됩니다. 과거와 미래가 펼쳐지는 곳은 현재이며, 우리의 삶은 지금 이 순간에 일어납니다.

현재가 우리가 살 수 있는 진정한 시간이라는 것을 깨달을 때, 우리는 생각에 거리를 둘 수 있고 불편한 감정을 있는 그대로 받아들일 수 있습니다. 이렇게 '현재 순간에 접촉하기'는 '중심을 잡는 과정(centered)'의 한 축이 됩니다. '인지적 융합'과 '경험 회피'에 빠져 있을 때, '탈 융합'과 '수용'을 할 수 있도록 지금 이 순간에 우리가 중심을 잡을 수 있도록 도와주기 때문입니다.

지금 이 순간을 살아가야 한다는 메시지는 항상 현재에 머물러야 함을 의미하지 않습니다. 과거를 돌아보고 미래를 준비하는 것은 성숙한 삶을 위해서 꼭 필요하기 때문입니다. '현재 순간에 접촉하기'는 지금 이 순간 '가치'를 둔 방향으로 행동해야 할 때 요청됩니다.

스스로 자신을 괴롭히는 습관적인 생각, 감정, 또는 기억을 떠올려봅시다. 또 그 생각, 감정, 또는 기억을 경험하고 있는 자기 자신을 그려봅시다. 불편한 흰곰에 사로잡히면 그 흰곰밖에는 보이지 않습니다. 도망치는 데 시간을 쓰거나 붙잡혀서 한참을 시달리면서 시간을 보냅니다. 앞에서 이야기한 것처럼, 불편한 흰곰이 나타나면 우리는 과거와 미래로 갑니다. 이때 중심을 잡아주는 것이 '현재 순간에 접촉하기'입니다.

'현재 순간에 접촉하기'는 지금 이 순간으로 눈을 돌리는 작은 행동에서 출발합니다. 습관적으로 떠오르는 불편한 생각이 다가올 때 그 생각을 따라 익숙한 길을 가거나 다른 생각으로 덮으려고 하지 말고, 눈을 감고 가만히 주변 소리에 귀를 기울이는 것에서 시작됩니다. 생각은 생각대로 둔 채 지금 이 순간 들려오는 소리에 집중하면 바람에 창문이 덜컹거리는 소리, 자동차가 지나가는 소리, 새가 지저귀는 소리, 그리고 심장이 뛰는 소리가 들려옵니다. 주변에서 들리는 소리를 헤아린 후 눈을 뜨고 주위를 둘러봅니다. 읽고 있던 책, 책상의 무늬, 창문으로 스며드는 햇빛이 보입니다. 눈으로 주위를 둘러보다 보면, 어느새 지나간 순간의 향수가 코끝에 스치며 아련해지기도 합니다.

주변에서 들리는 소리, 보이는 사물, 그리고 향수에 충분히 머무른 후 처음 우리를 찾아왔던 지금 이 자리에 있는 습관적인 생각을 바라보면, 말로 표현하기 어렵지만 그 생각이 조금 달라졌음을 알수 있습니다. 그동안 우리는 그 생각을 따라 익숙한 길을 걸어오고 똑같은 풍경을 봐왔습니다. 이제 우리는 똑같은 생각을 방금 보고 듣고 스쳐 간 소리, 사물 그리고 향수들과 함께 기억합니다. 지나간 순간을 생각하면서 과거에 머무르는 것이 아니라, 지나간 순간을 생각하는 순간도 지금 이 순간이며, 그 순간의 생각을 지금 이 순간 함께 하는 소리, 사물 그리고 향수와 함께 새롭게 경험함을 깨닫습니다.

이 경험은 우리를 사로잡고 있는 불편한 생각, 감정, 그리고 기억들이 떠오를 때 이것들을 외면하거나 도망치는 데 시간과 힘을 쓰지 않도록 도와줍니다. 그 생각, 감정, 그리고 기억들이 있는 과거의 아프고 힘든 시간을 습관적으로 경험하는 것에서 벗어나 그 생각, 감정, 그리고 기억을 지금 이 순간 새롭게 경험하면서 그것들이 지닌 의미를 돌아볼 수 있는 여유를 주기 때문입니다. 지나간 시간이 아닌 지금 이 순간을 살아갈 때 내 안에 멈춰 있던 시계도 다시 움직입니다. 그리고 이 시계가 움직인 만큼 우리는 진정한 의미에서 세상을 살았다고 이야기할 수 있습니다.

지금 이 순간이 우리가 살 수 있는 유일한 시간이라는 것을 깨닫게 되면 역설적으로 지나간 시간이 더 큰 후회로 남습니다. 지나간 시간도 한때는 지금 이 순간이었기 때문에 그 시간을 과거에 대한 후회나 미래에 대한 준비로 제대로 살지 못했다는 것이 선명하게 다가오기 때문입니다. 지금 내 모습이 실망스럽거나 지나간 기회가 아쉬울 때 더 그렇습니다. 이때 우리에게는 그 후회들을 안고 지금 이 순간에서 살아갈 것인지, 또는 그 후회들을 곱씹거나 또 다른 다짐을 하면서 과거 또는 미래에서 살아갈 것인지 하는 선택이 남습니다. 만일 우리가 후회를 외면하지 않고 있는 그대로 받아들이면서 지금 이 순간을 살아가는 것을 선택한다면 현재에 있는 변화의 가능성을 알아차릴 수 있으며 진정으로 원하는 것이 무엇인지 돌아볼 수 있습니다.

우리는 어려서부터 한 번뿐인 인생을 소중히 여기고 다시 오지 않을 지금 이 순간을 성실히 살아가야 한다는 것을 배웁니다. 하지만 아는 것과 경험하는 것은 다릅니다. 선물 받은 상자 안에 무엇이 있을까 생각만 하는 것과 상자를 열어서 확인을 해보는 것이 다른 것처럼 말입니다. '현재 순간에 접촉하기'를 위해서는 지금 이 순간에서만 진정으로 살아갈 수 있다는 것을 아는 것뿐만 아니라, 생각, 감정, 감각, 자기-판단, 그리고 기억에 빠지지 않고 그것들과 함께 지금 이 순간을 살아가는 '경험'이 필요합니다.

지금 이 순간을 산 경험은 한 번의 실패를 한 번의 실패로, 한 번의 성공을 한 번의 성공으로 받아들이도록 도와줍니다. 더 나아가서 한 번의 실패도 내가 아니며, 한 번의 성공도 내가 아님을 알려줍니다. 한순간 우리를 사로잡고 있던 생각, 감정, 그리고 기억들은 시간이 흘러감에 따라 다른 생각, 감정, 그리고 기억들에 자연스럽게 자리를 내어줍니다. 불편하고 숨이 막히는 생각, 감정, 그리고 기억들도, 기쁘고 행복한 생각, 감정, 그리고 기억들도 영원히 한 자리에 머무르지 않습니다. 지금 이 순간을 산다는 것은 현재 경험하고 있는 생각, 감정, 그리고 기억들이 커졌다가 작아지고 물러갔다가 돌아온다는 것을 깨닫는 것이며, 한 번의 생각, 감정, 그리고 기억들이 '나'가 아님을 알아차림을 뜻합니다.

현재 순간에 접촉함으로써 한 번의 경험이 내가 아님을 알게 되면, 마음에 떠오르는 생각, 감정, 감각, 자기-판단, 그리고 기억을 있는 그대로 받아들일 수 있으며, '나'를 좀 더 멀리서 바라볼 수 있습니다. 가까이서 봤을 때는 일부분만 볼 수 있었지만 멀리서 보면 더 큰 '나'를 볼 수 있습니다. 일정한 방향으로 나를 정의했을 때 포함하지 못한 생각, 감정, 그리고 기억을 받아들일 수 있습니다. '나는 좋은 선생님이다.' 또는 '나는 나쁜 선생님이다.'라고 결론짓는 것이 아니라, '내가 좋은 선생님인지 나쁜 선생님인지 모르겠지만 한 번의 행동으로 좋은 선생님 또는 나쁜 선생님이 되지 않기 때문에 지금 할 수 있는 최선을 다하겠다.'라고 생각할 수 있습니다. 한 방향으로 나를 정의할 때는 그 정의에 어울리지 않는 생각, 감정, 그리고 기억을 외면하게 되지만 한 번의 생각, 감정, 그리고 기억이 '나'가 아님을 알게 되면 내 모습에 어울리지 않는 경험들도 받아들일 수 있습니다.

지금 이 순간의 경험을 있는 그대로 받아들이지 못하는 사람은 자신을 끊임없이 정의하며 살아갑니다. 자기 자신에 대한 이야기를 만들고 그 이야기에 맞게 경험을 해석합니다. 스스로 정의한 '나'를 지렛대로 세상을 바라봅니다. 자기 자신에 대한 이야기를 일관성 있게 유지하려는 경향성은 그 이야기에 어울리지 않는 불편한 생각, 감정, 그리고 기억들이 떠올랐을 때 그것들을 외면하게 합니다. 더 나아가 다른 사람들도 자기가 쓴 이야기의 틀에 가두어 한 명의 사람이 아닌 이야기 속의 등장인물로 대하면서 진정한 의미의 관계를 맺지 못하도록 합니다. 수용-전념 치료에서는 우리가 체스말이 아닌 체스판으로 살아갈 수 있도록 '맥락으로서의 자기(Self-as-Context)'를 제안합니다.

지금 이 순간만이 진정으로 살아갈 수 있는 시간임을 경험할 때, 우리는 과거와 미래가 아닌 지금 여기에서 가치를 둔 방향으로 행동할 수 있습니다. 우리에게 주어진 시간은 한정되어 있으며, 어떤 시간은 분명 다른 시간보다 많은 기회를 품고 있습니다. 지금 이 순간만이 내가 처한 유일한 현실임을 너무 늦게 깨달으면 더 이상 기회가 남아있지 않을 수 있습니다. 그러므로 '현재 순간에 접촉하기'와 '맥락으로서의 자기'를 경험하는 것은, 아이들이 삶의 결정적 시기에서 자신에게 주어진 시간을 진정으로 살아가도록 돕기 위해 필요합니다. 그 경험은 자신을 있는 그대로 모습으로 받아들이고 지금 느끼는 감정을 꾸밈없이 이야기할 수 있으며 다른 사람과 친밀한 관계를 맺으면서 원하는 삶을 위해 최선을 다할 수 있도록 도와줍니다. 나이테에 과거, 현재, 그리고 미래를 품고 자라는 나무처럼 자기 모습을 온전히 수용한 채 지금 여기에서 단단하게 뿌리내릴 수 있도록 합니다.

02 | 지금 이 순간, 마음 챙김

수용-전념 치료에서 이야기하는 '현재 순간에 접촉하기 (Getting contact with the Present Moment)'는 익숙한 삶의 방식에서 한 발짝 물러나는 것을 말합니다. '물러나기'와 '접촉'은 어울리지 않는 것처럼 보이지만, 물러나는 방향과 접촉하는 대상을 생각하면 둘은 모순되지 않습니다. 불편한 생각, 감정, 그리고 기억과 싸우지 않고 온전히 수용하는 것이 '방향'이며, '대상'은 우리가 접촉하고자 하는 '지금 이 순간'입니다. 우리는 불편한 생각, 감정, 그리고 기억을 없애고자 하는 삶의 방식과 거리를 둬서 지금 이 순간에 접촉하고자 합니다.

'현재 순간에 접촉하기'는 불편한 경험을 있는 그대로 받아들임으로써 우리가 누구이며 진정으로 원하는 것이 무엇인지 알 수 있도록 도와줍니다. 힘들고 고통스럽거나 불쾌하고 난처한 생각, 감정, 자기-판단, 감각, 그리고 기억을 만났을 때 도망치거나 외면하지 않고 그 경험들과 함께 머무르면서 마음에 떠오르는 이미지가 아닌 지금 여기 내 앞에 있는 대상의 작은 변화를 알아차리며 상호작용 하는 것이 '현재 순간에 접촉하기'입니다.

변화는 자기 자신이 어떤 사람이고 무엇을 가치 있게 여기고 있으며 그것을 위해 어떤 것을 하고 있는지 정확하고 솔직하게 알아차릴 때 일어납니다. 문제집에 있는 문제들을 채점도 하지 않고 풀기만 한다면 우리는 자기 자신에 대해 정확한 평가를 할 수 없습니다. 당장은 문제를 풀고 있다는 안도감에 뿌듯한 마음을 가질 순 있지만 똑같은 문제를 똑같은 방식으로 틀리고 있음을 놓치기 쉽습니다. 불편한 생각, 감정, 그리고 기억을 습관적으로 경험하는 것은 채점하지 않고 문제를 풀고 있는 것과 비슷합니다. '현재 순간에 접촉하기'는 불편한 생각, 감정, 그리고 기억을 어떤 방식으로 대해왔고 대하고 있는지를 경험적으로 알아차릴 수 있도록 도와줍니다. 이 알아차림은 불편한 흰곰이 찾아올 때 지금까지 습관적으로 하던 행동을 멈추고 지금 이 순간에 머무르는 것에서 시작되며 '마음 챙김(Mindfulness)'은 그 출발점이 됩니다.

'마음 챙김(Mindfulness)'은 지금 이 순간에 잠시 멈춰 서는 것을 말합니다. 쉬지 않고 무언가를 열심히 하고 있음에도 아무것도 남아있지 않은 것 같은 공허함이 들거나, 무언가 중요한 것을 놓치고 있는 것 같은 허전함을 느낄 때 마음 챙김은 필요합니다.

세상에는 우리를 사로잡고 있는 불편한 생각, 감정, 그리고 기억들보다 더 많은 것이 있음을 깨닫는 것에서 마음 챙김은 시작됩니다. 어떤 고통스러운 경험을 했을 때 그 경험에서 도망치거나 합리화하는 것이 아닌, 지금 이 순간 함께 있는 사소한 것에 주의를 집중할 때 마음 챙김을 향한 첫발을 내디딜 수 있습니다.

마음이 비어 있으므로 공허함과 허전함이 느껴진다고 했지만, 공허함과 허전함이 느껴지는 순간에도 마음은 비어 있지 않습니다. 마음에는 끊임없이 생각, 감정, 그리고 기억들이 생겨나기 때문입니다. 하지만 습관적으로 경험하는 그 생각, 감정, 그리고 기억들로는 마음이 채워지지 않습니다. 더 정확히 말하면, 진정한 의미에서 지금 이 순간에 머물러 있지 않는다면 어떤 생각, 감정, 그리고 기억들도 우리를 채울 수 없습니다.

지금 이 순간이 내가 처한 현실이며 지금 여기에서 느끼는 감정이 내가 경험할 수 있는 세상입니다. 지금 이 순간을 바꿀 수 있는 건 치밀한 계획이 아닌 작은 실천입니다.

변화는 생각만으로 이루어지지 않고 행동으로 실현되기 때문입니다. 이 행동이 지금 이 순간에 있는 대상과 관련될 때 변화는 이루어지며, 마음 챙김으로 내가 무엇을 하고 있는지 성찰할 때 진정으로 원하는 것이 무엇인지 알 수 있습니다.

우리는 하나의 과제를 어떻게 해결할지, 또 그 과제를 해결한 후 어떤 일을 어떻게 할지 생각하며 살아갑니다. 아침에 무엇을 먹을지, 출근해서 해야 할 일은 무엇인지, 밀린 일을 어떻게 처리할지, 수업 시간을 어떻게 보낼지, 아이들이 하교한 교실에서 무엇을 할지, 퇴근 후 저녁 시간을 어떻게 보낼지를 머릿속에 그려보고 행동합니다. 그렇게 하루를 보내고 잠자기 전 돌아보면 지난 시간이 하루만큼 무겁지 않습니다.

지금 이 순간에서 살아가기보다는 마음에 떠오른 생각, 감정, 그리고 기억들에서 시간을 보냈기 때문입니다. 책을 다 읽고도 기억에 남는 문장이 많지 않은 이유가 책을 잠시 덮고 지금 읽고 있는 것이 무엇인지 돌아보지 않았기 때문인 것처럼, 지나간 하루가 보낸 시간만큼 무겁지 않은 까닭도 잠시 멈춰서 주변에 있는 대상들에게 주의를 기울이는 시간을 갖지 않았기 때문입니다. 교실에서 지금 이 순간, 마음 챙김을 경험할 수 있는 활동을 소개합니다(Hayes & Smith, 2010).

> ### 경험적 연습 10 · 마음 챙김
>
> 준비물: 사탕
>
> 1. 눈 앞에 놓인 사탕을 자세히 관찰합니다.
>
> 2. 사탕을 입안에 넣고 씹지 말고 굴려봅니다.
>
> 3. 입에서 굴린 사탕을 천천히 먹어봅니다. 천천히 먹으면서 맛을 집중해서 느껴봅니다.
>
> 4. 다른 사탕을 하나 더 준비합니다. 단, 이 사탕을 먹기 전에 최근에 나를 힘들게 한 경험을 먼저 떠올려 봅니다.
>
> 5. 나를 힘들게 한 경험을 생각하면서 두 번째 사탕을 천천히 먹어봅니다. 사탕의 맛을 느끼면서 나를 힘들게 한 경험을 계속 떠올리는 것이 중요합니다.
>
> 6. 사탕을 다 먹은 후에, 처음 사탕을 먹었을 때와 두 번째 사탕을 먹었을 때를 비교해 보고 언제 더 맛이 강한지 생각해 봅니다.
>
> ※ Hayes, S. C., & Smith, S.(2010). 마음에서 빠져나와 삶 속으로 들어가라: 새로운 수용전념치료. 문현미 민병배 역. 서울: 학지사. '연습: 건포도 먹기' 참고

아이들은 〈경험적 연습 10- 마음 챙김〉에서 첫 번째 사탕보다 두 번째 사탕 맛을 좀 덜 느꼈다고 이야기합니다. 친구와 다투어서 속이 상했던 일, 부모님에게 꾸중을 들어서 의기소침했던 기억, 사춘기에 들어서면서 나기 시작한 여드름 등 아이들이 가지고 있는 고민이 사탕 맛에 집중하는 것을 어렵게 하기 때문입니다. 변한 건 사탕이 아니라 아이들이 있는 장소입니다. 아이들은 첫 번째 사탕을

먹을 때 지금 여기에 있지만, 두 번째 사탕을 먹을 때는 마음에 떠오른 생각, 감정, 그리고 기억들이 생겨난 그때 그 장소에 있습니다.

수용-전념 치료는 우리를 불편하게 하는 생각, 감정, 그리고 기억을 없애는 방법을 알려주지 않습니다. 마찬가지로 마음 챙김도 평화로운 상태에서 마음을 비우는 것을 목표로 하지 않습니다. 수용-전념 치료는 불편한 경험을 하더라도 이것이 없어질 때까지 삶을 유보하는 것이 아닌, 그 경험과 함께해야 할 것 또는 하고 싶은 것을 하면서 지금 이 순간을 살아갈 수 있는 힘을 길러주는 것을 목표로 하며, 마음 챙김은 마음에 끊임없이 떠오르는 생각, 감정, 그리고 기억들과 함께 지금 이 순간에 머무를 수 있도록 도와줍니다.

수용-전념 치료는 마음 챙김을 통해 지금 이 순간으로 주의를 가져오고자 합니다. 나를 힘들게 한 경험을 떠올리면서 사탕을 먹을 때 맛이 생생하게 느껴지지 않지만, 사탕의 달콤함과 시큼함이 느껴지는 것처럼, 고통스러운 경험을 할 때도 삶에는 그 경험 외에 다른 것들이 존재합니다. 나를 힘들게 하는 경험 말고도 지금 이 순간에 다른 어떤 것이 존재한다는 알아차림은 삶이 마음이 아닌, 눈앞에 있음을 일깨워 줍니다. 흰곰이 눈앞에 있는 지금 이 순간으로부터 마음에 떠오르는 생각, 감정, 그리고 기억들로 우리를 데려갈 때, 마음 챙김은 지금 이 순간 마음에 떠오르는 생각, 감정, 그리고 기억들 외에도 다른 것들이 있다는 것을 일깨워 줌으로써, 지금 여기에서 함께 있는 대상들에 주의를 기울일 수 있도록 도와줍니다.

삶이 눈앞에 있음을 알아차리고 지금 여기에서 함께 있는 대상들에게 주의를 기울일 때, 우리는 흰곰이 시키는 대로 행동하지 않아도 됨을 깨닫습니다. 왜냐하면 우리를 사로잡은 흰곰 외에도 지금 이 순간에는 다른 어떤 것이 존재하며, 지금까지 살아온 것과 다른 선택을 할 수 있음을 알게 되었기 때문입니다. 마음 챙김으로 지금 이 순간에 주의를 가져오기 전에는 불편한 생각, 감정, 그리고 기억들이 없어질 때까지 그것들만 바라봤다면, 마음 챙김으로 우리는 불편한 흰곰과 함께 지금 이 순간에 할 수 있는 것 또는 하고 싶은 것을 하면서 삶을 살아갈 수 있습니다. 불편한 흰곰은 사라지지 않지만, 그 흰곰이 우리 삶을 통제하는 것에서 벗어날 수 있습니다.

마음 챙김을 하는 방법은 〈경험적 연습 10〉에서 소개한 사탕 먹기 외에도 호흡에 집중하기, 침묵 속에 걷기 등 매우 다양합니다. 이번 장에서 앞으로 연습해 볼 경험적 연습들은 일상에서 비교적 손쉽게 마음 챙김을 경험하는 방법들과 함께 소개하겠습니다(Hayes & smith, 2010,) '마음 챙김'을 '중심을 잡는 과정 (Centered)'과 함께 할 때 '현재 순간에 접촉하기'와 '맥락으로서의 자기'를 효과적으로 경험할 수 있기 때문입니다.

03 | 마음은 말로 생각을 만든다

마음 챙김으로 지금 여기에 주의를 가져오면, 내가 하는 행동이 눈앞에 있는 대상에게 영향을 미치고 있음을 알게 되고 그 행동이 만들어 낸 변화를 볼 수 있게 됩니다. 또, 마음에 떠오르는 불편한 생각, 감정, 그리고 기억을 애써 없애려고 하지 않고도 지금 이 순간 내가 하고 싶은 것 또는 해야 하는 것을 할 수 있음을 경험합니다. 이처럼 마음 챙김은 흰곰을 만날까 두려워 피해 온 길을 기꺼이 걸어갈 수 있는 용기를 줍니다. 기꺼이 걸어간 길 위에는 불편한 생각, 감정, 그리고 기억들 외에도 다른 생각, 감정과 기억들이 있으며 지금까지 살아온 방식과 다른 방법으로 삶을 살아갈 수 있음을 알게 됩니다. 마음에 떠오른 생각, 감정, 그리고 기억을 있는 그대로 경험할 수 있고, 지금 이 순간 자신이 무엇을 하고 있는지 분명하게 돌아볼 수 있습니다.

마음 챙김(Mindfulness)은 지금 이 순간에 마음에 떠오르는 생각, 감정, 그리고 기억을 있는 그대로 경험하면서 눈앞에 있는 삶을 충실히 살아가는 것을 의미합니다. 외로움을 외로움으로, 좌절을 좌절로, 분노를 분노로, 실망을 실망으로 있는 그대로 받아들여야만 그것들이 우리에게 주는 의미를 알 수 있습니다. 불편한 생각, 감정, 그리고 기억을 있는 그대로 받아들이지 못하면 지금 이 순간에서 살아가지 못하며, 주변 사람들이 나를 위해 진심으로 하는 이야기도 들리지 않습니다. 그 이야기는 마음에 떠오르는 생각, 감정, 그리고 기억에서가 아닌, 지금 이 순간에 머무를 때 들려옵니다. 마음에 떠오르는 생각, 감정, 그리고 기억들이 속삭이는 소리와 함께 지금 이 순간에 같이 있는 사람들의 이야기를 들을 수 있게 될 때, 우리는 현재 순간에 접촉할 수 있습니다. 현재 순간과 접촉할 때, 삶은 매 순간 새로 시작될 순 없지만 매 순간 새로 시작할 수 있음을 깨닫습니다.

사실 우리는 마음 챙김을 하지 않더라도 지금 이 순간이 소중하다는 것을 잘 알고 있습니다. 불편한 생각, 감정, 그리고 기억에 빠져서 해야 할 것 또는 하고 싶은 것을 하지 않는 것이 현명치 않다는 것도 알고 있습니다. 흰곰에 사로잡혀서 지금 이 순간을 살지 못하는 것이 어리석음을 알고 있음에도 우리는 이 사실을 모르는 것처럼 살아갑니다. 오래된 흉터같이 오랜 시간 나를 괴롭혀 온 흰곰이 불쑥 나타날 때, 스스로 어리석다고 후회하는 행동을 합니다. 후회하는 행동으로 대표적인 것이 무기력증에 빠져 아무것도 하지 못하는 것입니다. 마음에 떠오른 불편한 생각, 감정, 그리고 기억을 쫓다가 힘을 다 쓴 나머지 지금 이 순간 눈앞에서 벌어지고 있는 일에 주의를 기울이지 못합니다. 마음에 떠오르는 생각, 감정, 그리고 기억들에 사로잡히지 않고 지금 이 순간에서 살아가는 것이 힘든 이유는 무엇일까요?

이 질문에 답하기 전에, 지금 이 순간 생각을 보고 있는지 책을 읽고 있는지 살펴보시기를 바랍니다. 책을 읽으면서 마음에 떠오른 생각, 감정, 그리고 기억에 주의를 빼앗기지는 않았는지 돌아봅시다. 집중해서 책을 읽다가도 툭툭 치고 올라오는 흰곰이 어느새 우리 시야를 가리기도 하고, 어떤 흰곰은 우리를 불편하게 만들어 책을 덮게 할지도 모릅니다.

마음은 말로 움직입니다. 말은 흰곰을 불러오고 우리는 지금 이 순간 말이 데려온 생각, 감정, 그리고 기억을 경험합니다. '피부 밖의 세상'에서 책을 읽고 있는 순간에도 '피부 안의 세상'에서는 끊임없이 생각, 감정, 그리고 기억이 떠오릅니다. '피부 안의 세상'에서 떠오른 생각, 감정, 그리고 기억이 '피부 밖의 세상'에서 읽고 있는 책보다 생생할 때, 우리는 책을 덮고 흰곰을 따라갑니다.

수용-전념 치료에서는 사람은 한 시점에 '피부 밖의 세상'과 '피부 안의 세상'을 동시에 살아간다고 이야기합니다. '피부 밖의 세상'에서 책을 읽고 있으면서도 '피부 안의 세상'에서 생각, 감정, 그리고 기억이 떠오르는 것처럼, 우리는 두 맥락에서 살아갑니다. 마음은 '피부 안의 세상'에서 어떤 생각, 감정, 그리고 기억을 끊임없이 나에게 속삭입니다.

'피부 밖의 세상'에서 소음을 막기 위해 창문을 닫는 것처럼, '피부 안의 세상'에서 떠오르는 생각, 감정, 그리고 기억을 막기 위해 마음을 닫을 순 없습니다. 하버드대학교 사회심리학자인 대니얼 위그너(Daniel M. Wegner)의 '흰곰 실험'에서 흰곰을 떠올리려 하지 않을수록 흰곰을 더 자주 떠올린 것처럼, 불편한 생각, 감정, 그리고 기억은 경험하지 않으려고 할수록 더 생생하게 떠오릅니다. 지금 이 순간이 소중함을 알고 있음에도 마음에 떠오르는 생각, 감정, 그리고 기억들에 사로잡히지 않고 지금 이 순간에서 살아가는 것이 힘든 이유입니다.

마음은 '피부 안의 세상'에서 생각, 감정, 그리고 기억을 속삭이고, 나는 '피부 밖의 세상'에서 지금-여기를 살아갑니다. 마음은 마음의 일을 하고, 나는 내가 할 수 있는 것 또는 해야 하는 것을 하면서 지금 이 순간을 살아갑니다. 지금 이 순간, 두 맥락에서 동시에 살아가고 있음을 경험할 수 있는 연습을 소개합니다(이선영, 2017).

마음 챙김

1. 등을 반듯이 쭉 펴고 어깨에 힘을 빼고 편안하게 앉습니다.

2. 눈을 감고 천천히 숨을 깊이 들이쉬고 다시 천천히 내쉽니다.

3. 숨이 코로 들어와서 폐에 머물렀다가 나가는 과정을 천천히 따라갑니다.

4. 어떤 생각, 감정, 그리고 기억이 떠올라도 그대로 둔 채 호흡에만 집중합니다. 따라가거나 쫓아내려고 하지 말고 나타났다가 사라지는 것을 지켜봅니다.

5. 1분 동안 차분하게 숨이 들어왔다 나가는 것을 느껴봅니다.

경험적 연습 11 · 마음과 나

1. 친구와 짝을 짓습니다.

2. 한 명은 '나'의 역할을, 다른 한 명은 '마음'의 역할을 합니다.

3. '나'는 선생님을 따라서 책상 사이를 지나 교실을 한 바퀴 돕니다. 이때 최대한 책상과 의자에 부딪히지 않아야 합니다.

4. '마음'은 '나'가 책상 사이를 돌 때 옆에 따라다니면서 '나'가 집중하지 못하도록 계속 말을 걸 겁니다. 주제는 상관없습니다. 단, 쉬지 않고 말을 거는 것이 중요합니다. 이때, '나' 역할을 맡은 친구는 '마음'이 하는 말에 대답하지 말아야 합니다.

5. 준비가 다 되었으면 활동을 시작합니다. '나'와 '마음'은 선생님을 따라갑니다. '나'는 책상과 의자에 부딪힐 때마다 손가락으로 세어보고, '마음'은 끊임없이 '나'에게 말을 겁니다.

6. 활동이 끝난 후 '마음'이 계속 나에게 말을 걸어올 때, '나'는 어떤 점이 가장 힘들었는지 이야기해 봅니다.

7. 소감을 말한 후 역할을 바꿔서 한 번 더 해봅니다.

※ 이선영(2017). (꼭 알고 싶은) 수용-전념 치료의 모든 것.
서울: 소울메이트. '말(생각)과 관계없이 행동을 선택해보기' 참고

〈경험적 연습 11 - 마음과 나〉 활동하고 나면, '나' 역할을 맡은 친구들은 '마음' 역할을 하는 친구들이 하는 말에 대답하지 않고 목적지로 가는 것이 어려웠다고 이야기합니다. '마음'이 끊임없이 속삭이는 말들을 무시하려고 할수록 그 소리가 더 신경 쓰여 책상과 의자에 부딪히기도 하고 선생님을 놓치기도 했다고 합니다.

앞에서 이야기한 것처럼, 우리는 '피부 안의 세상'과 '피부 밖의 세상'을 동시에 살아갑니다. '피부 안의 세상'에서는 끊임없이 어떤 생각, 감정, 그리고 기억이 떠오르며, '피부 밖의 세상'에서는 객관적으로 관찰할 수 있는 삶이 우리를 기다립니다. 문제는 '피부 안의 세상'에서 불편한 생각, 감정, 그리고 기억이 떠오를 때, '피부 밖의 세상'에서 하는 것처럼 그 생각, 감정, 그리고 기억을 해결하려고 할 때 발생합니다.

'흰곰 실험'에서 알 수 있었듯이, 최선을 다해 흰곰을 생각하지 않으려고 할수록 '피부 안의 세상'에서 흰곰은 더 많이 떠오릅니다. '피부 밖의 세상'에서 흰곰을 만나면 마주치기 전에 도망치는 것이 최선이겠지만, '피부 안의 세상'에서 만난 흰곰에게서는 도망치거나 피하는 것이 불가능합니다. 더 정확하게 말하면, '피부 밖의 세상'에서 흰곰을 만났을 때는 도망치는 것이 살기 위해 선택할 방법이지만 '피부 안의 세상'에서는 흰곰에게서 도망치는 것이 오히려 흰곰에게 잡아먹히는 방법이 됩니다. '피부 밖의 세상'에서 흰곰을 대하는 방식으로 '피부 안의 세상'의 흰곰을 대할 때 우리는 불편한 생각, 감정, 그리고 기억에 사로잡힙니다.

'피부 밖의 세상'에서는 '전념'과 '행동 변화'가 필요하며, '피부 안의 세상'에서는 '수용'과 '마음 챙김'이 필요합니다. 만약 '피부 밖의 세상'에서 흰곰을 있는 그대로 받아들이거나, '피부 안의 세상'에서 흰곰에게서 도망치면, 우리는 흰곰에게 씻을 수 없는 상처를 입게 됩니다.

〈경험적 연습 11-마음과 나〉로 '피부 안의 세상'과 '피부 밖의 세상'의 흰곰의 차이를 알 수 있습니다. '마음'은 '피부 안의 세상'에서 어떤 생각, 감정, 그리고 기억을 '나'에게 속삭이고, '나'는 그 소리를 들으면서 '피부 밖의 세상'에서 선생님을 따라 책상과 의자 사이를 지나 목적지를 향해 갑니다. 목적지에 도착해서 돌아보면 의식하지 못하고 지나친 길들이 보입니다. 그 길들은 그 순간 '나'가 책상과 의자가 아닌 '마음'이 속삭이는 말에 주의를 기울이고 있었다는 것을 말해줍니다. '마음'이 하는 말에 주의를 빼앗겼더라도 '나'가 목적지에 도착할 수 있었던 것처럼, 불편한 생각, 감정, 그리고 기억이 떠올라서 그것들에 주의를 빼앗기더라도 '나'는 지금 이 순간 하고 싶은 것 또는 해야 하는 것을 하며 삶을 살아갈 수 있습니다. '마음'이 속삭이는 말들을 들으면서 '나'는 가고자 하는 곳에 도착할 수 있음을 경험할 수 있습니다.

'마음'은 '마음'의 일을 하도록 두면서 '나'는 '나'가 하고 싶은 것 또는 해야 하는 것을 할 수 있다는 말은 '피부 안의 세상'에서 떠오르는 생각, 감정, 그리고 기억을 무시하라는 것처럼 들릴 수 있습니다. 1장에서 이야기한 것처럼, '수용'은 '합리화' 또는 '포기'가 아닙니다. '마음'은 '마음'의 일을 하면서 '나'가 '나'의 일을 하는 것은 '피부 안의 세상'과 '피부 밖의 세상'의 맥락을 분별하는 것을 의미합니다. '피부 안의 세상'과 '피부 밖의 세상'에서 흰곰을 만났을 때, 다르게 행동해야 한다는 것을 말합니다. '피부 안의 세상'에서는 '수용'과 '마음 챙김'의 과정으로, '피부 밖의 세상'에서는 '전념'과 '행동 변화'의 과정으로 살아가야 함을 뜻합니다.

흰곰을 떠올리지 않으려고 최선을 다할수록 더 자주 경험하게 된다는 사실은 불편한 생각, 감정, 그리고 기억이 떠오를 때 그것들에게서 쉽게 벗어나지 못하는 것이 우리의 잘못이 아님을 일깨워줍니다. 불편한 생각, 감정, 그리고 기억을 줄이거나 없애기 위해 노력했지만, 그것들이 사라지지 않는다는 사실은 우리에게 이전과는 다른 방식으로 행동해야 함을 말해줍니다. '마음'은 생각, 감정, 자기-판단, 감각, 그리고 기억을 끊임없이 속삭이며 자신이 하는 이야기를 '나'가 알아차려 주기를 바랍니다. 중요한 것은 '마음'은 '나'를 괴롭히기 위해 말을 거는 것이 아닙니다. 그저 '마음'은 '마음'이 하는 일을 하고 있을 뿐이며, '나'가 자신의 이야기를 들어주지 않을 때 좀 더 열심히 그 일을 할 뿐입니다. '마음'이 '나'에게 원하는 것은 자신이 하는 이야기를 듣고 '나'가 지금 느끼고 있는 것이 무엇이며 자신이 어떤 상태이고 무엇을 원하고 있으며 그것을 위해서 하고 있는 것이 무엇인지 돌아보는 것입니다.

'나'를 초라하고 작아지게 만드는 흰곰이 없으면 좋겠지만, 말로 흰곰을 만드는 것이 '마음'이 하는 일입니다. 또, '마음'이 끊임없이 만들어내는 흰곰들과 함께 지금 이 순간을 살아가야 하는 것이 '나'가 해야 할 일입니다. 어떤 흰곰은 다른 흰곰들보다 '나'를 더 불편하고 불안하게 해서 '피부 밖의 세상'의 흰곰을 만났을 때처럼 도망치고 싶게 만들기도 합니다. 도망치고 싶게 만들 만큼 불편하고 불안하게 만들지 않으면 '나'가 '마음'이 하는 이야기를 듣지 않기 때문에, 가끔 '마음'은 '나'가 무서워할 만큼 커다란 흰곰을 만듭니다. 그전처럼 도망치지 않고 지금 이 순간에 머물면 흰곰은 '나'에게 '마음'이 하고 싶은 이야기를 담은 쪽지를 건네줍니다. 그 쪽지에는 '나'가 그토록 찾고 싶은 '가치'가 쓰여 있습니다.

'피부 안의 세상'에서 '마음'이 만들어 내는 흰곰은 다양합니다. 기분 나쁜 일을 당했을 때, 생각지도 못한 어려움을 만났을 때, 일이 예정대로 풀리지 않아서 짜증이 날 때, 중요한 일을 앞두었을 때, 큰 결심을 해야 할 때, 아무도 알아주지 않는 일에 헛물을 켜고 있지는 않은지 자괴감이 들 때, '피부 안의 세상'에서는 흰곰이 찾아오고 '피부 밖의 세상'에서 '나'는 선택해야 합니다. 예전처럼 그 흰곰이 보이지 않는 곳으로 도망갈지, 아니면 그 흰곰과 함께 지금 이 순간에 머물며 해야 할 것 또는 하고 싶은 것을 할지 결정해야 합니다.

흰곰과 함께 지금 이 순간에 머무른다고 해서 모든 문제가 마법처럼 해결되지는 않습니다. 한 번의 행동은 다만 한 번의 행동일 뿐, 내가 가진 문제는 한 번의 행동으로는 해결할 수 없기 때문입니다. 다만 마음이 속삭이는 불편한 감정, 생각, 그리고 기억을 피하거나 없애려고 하는 데 쓰던 시간과 힘을 지금 이 순간 진정으로 원하는 선택을 하는 데 쓸 수 있음을 일깨워 줍니다. 흰곰을 피하지 않고 있는 그대로 '수용'한 경험은, '흰곰'이 나타났을 때 피하려고 가보지 못한 새로운 길을 걸어가 볼 수 있도록 도와줍니다. 그 길이 우리를 어디로 인도해 줄지 모르지만, 한 가지 확실한 건 우리는 불편한 흰곰 앞이 아닌 그 흰곰 너머의 진정한 삶에 도착할 수 있다는 사실입니다.

04 | 세 가지의 나

'피부 밖의 세상'에서 흰곰을 만나는 일은 실제로 거의 일어나지 않습니다. 일부러 동물원으로 가지 않는 이상 살아있는 흰곰을 눈앞에서 보기란 쉽지 않습니다. 그에 반해, '피부 안의 세상'에서 우리는 거의 매일 흰곰을 마주칩니다. 흥미로운 점은 '나'가 '피부 안의 세상'에서 흰곰을 만날 때, '피부 밖의 세상'의 흰곰을 만날 때처럼 행동한다는 데 있습니다.

어린이들은 동물원의 흰곰이 철창 안에 갇혀있음에도 우리에 가까이 가는 것을 두려워합니다. 만화에 나오는 흰곰처럼 철창을 부수고 뛰쳐나올 것 같기 때문입니다. 동물원에 여러 번 가보고 나면 흰곰이 철창을 뚫고 나오는 일은 거의 일어나지 않음을 알게 됩니다. 우리 안에 있는 흰곰을 보는 경험이 거듭될수록 철창에 더 가까이 다가갈 수 있게 됩니다.

우리 안에 있는 흰곰에게 가까이 가기 위해 동물원에 여러 번 가는 것이 필요한 것처럼, '피부 안의 세상'의 흰곰에게 다가가기 위해서는 그 흰곰에게 익숙해지는 경험이 필요합니다. 수용-전념 치료의 첫 번째 기둥인 '마음을 여는 과정(Open)'에 속하는 '수용'과 '탈융합'이 '피부 안의 세상'의 흰곰에게 익숙해지는 방법입니다. 마음에 떠오르는 불편한 생각, 감정, 그리고 기억을 있는 그대로 받아들이고(수용), 한 번의 행동을 한 번의 행동으로 경험하는 것(탈 융합)이 우리를 지금 이 순간으로 열어줍니다.

우리는 자기 자신에 관한 이야기를 쓰면서 세상을 살아가며, 그 이야기를 일관성 있게 구성하려는 경향성을 가지고 있습니다. 이야기를 논리적으로 구성하려 노력하고 이야기에 맞게 지금 이 순간 경험하는 것들을 해석합니다. 이야기가 빈틈없이 짜여있으면 그 이야기에 어울리지 않는 경험을 인식하지 못합니다. 스스로에 대한 이야기가 촘촘할수록 이야기보다 삶이 더 큼을 잊게 됩니다. 지금 이 순간의 개별 상황들이 보이지 않을 만큼 이야기가 더욱 견고하게 구성되면, 현재 있는 작은 변화의 가능성을 놓칩니다. 눈앞에 있는 삶이 아닌 마음에 떠오르는 흰곰에게 주의를 빼앗기기 때문입니다.

우리는 자기 자신에 관한 이야기를 쓰면서 살아가지만, 삶은 스스로 만든 이야기처럼 흘러가지 않습니다. 삶이 자신이 바라는 이야기와 반대의 방향으로 흘러갈 때, 이야기에 깊이 빠진 사람은 자기 삶에 조금도 희망이 없다고 생각합니다. 이야기의 틀로 갇혀지지 않는 삶의 남은 부분이 보이지 않기 때문에, 삶이 더 이상 남아있지 않은 것처럼 느끼게 됩니다. '나에 관한 이야기'가 수용-전념 치료에서 이야기하는 '내용으로서의 자기(Self-as-Content)'이며, 사람들은 '내용으로서의 자기'가 하나뿐인 '나'라고 오해하기도 합니다.

수용-전념 치료는 기능적 맥락 주의를 바탕으로 하며, 행동의 내용보다는 기능에 주목합니다(이선영, 2017). '내용으로서의 자기'는 정체성을 유지하고 행동의 일관성을 갖기 위한 기능을 합니다 (Luoma, Hayes, & Walser, 2012). 수용-전념 치료와 다른 상담기법들의 차이점은 '내용으로서의 자기'를 대하는 태도에 있습니다. 다른 상담기법들과 달리, 수용-전념 치료에서는 자기 자신에 관한 이야기가 부정적인 기능을 할 때, 그 이야기를 다시 쓰라고 이야기하지 않습니다.

지금까지 쓴 이야기를 지우고 새로운 이야기를 쓰라고 하지 않습니다. 다만, 그 이야기를 가지고 사는 것이 힘들 때 잠시 멈춰서 거리를 두라고 이야기합니다. 그리고 이야기가 담지 못한 삶의 남은 부분을 돌아볼 방법을 알려줍니다. 그 방법은 지금까지 우리가 이 책에서 다뤄온 '수용', '탈 융합' 그리고 '마음 챙김'입니다.

'내용으로서의 자기'는 자기 자신에 대한 정체성을 일관성 있게 유지하는 데 필요하며, 다른 사람이 우리를 이해할 수 있는 정보를 주고 원활하게 상호작용을 할 수 있도록 도움을 줍니다(Lunoma, Hayes, & Walser, 2012). '나는 합리적이고 유능한 선생님이다.'라는 '내용으로서의 자기'를 가진 선생님을 예로 들어보겠습니다. 이 '내용으로서의 자기'는 힘들고 지칠 때도 책임감 있게 행동할 수 있도록 도와줍니다. 아이들을 솔직하고 진솔하게 대하면서도 잘못한 것에 대해서는 원칙을 가지고 단호하게 훈육할 수 있는 기준을 제시합니다. 또, 동료 교사들에게도 처음의 탐색기를 지나 마음 놓고 일을 함께할 수 있는 사람이라는 믿음을 줍니다. '내용으로서의 자기'에 따라 일관성 있게 살아가면 자신이 의도한 바대로 행동의 뜻이 남에게 전달됩니다. 이처럼 '내용으로서의 자기'는 우리가 살아가는 데 있어 어떤 기능을 하므로 유지됩니다.

'내용으로서의 자기'가 문제가 되는 순간은 스스로에 관한 이야기에 지나치게 빠져있을 때입니다. 앞서 예를 든, '나는 합리적이고 유능한 선생님이다.'라는 이야기와 거리가 지나치게 가까워질 때, 이 이야기에 어울리지 않는 개별 상황들은 눈에 보이지 않게 됩니다. 자신이 세운 합리적이라고 생각한 기준에 미치지 못하는 아이들을 이해하지 못하고, 상처받은 아이들의 표정을 놓치기도 합니다. 또 합리적이고 유능한 자신이 제시한 효율적인 의견을 이해하지 못하는 동료 교사들이 불만족스럽고, 그 동료 교사들이 자신의 강한 주장 때문에 불편함을 느끼는 것을 알아차리지 못합니다. 어느 순간 교실과 연구실에서 불편하고 어색한 분위기를 느끼게 되지만 '나는 합리적이고 유능한 선생님이다.'라는 이야기에 갇혀있을 때는 그동안 해온 행동을 반복할 뿐 변화를 위한 실마리를 잡지 못합니다.

'내용으로서의 자기'가 문제가 되는 순간에는 자신에 관한 이야기가 옳은지 그른지는 크게 중요하지 않습니다. 그 이야기가 틀렸기 때문에 고쳐 써야 하는 것이 아니라, 그 이야기의 등장인물로 사는 것에 지쳐있음을 알아채는 것이 중요합니다.

또 그 이야기에 맞춰 다른 사람을 정의하고 그 틀에 맞춰 바라보면서 그 사람과 대화하는 것이 마치 미리 정해진 대본에 있는 대사를 주고받는 것처럼 느끼고 있다는 것을 알아차릴 때, 지금까지 보지 못한 타인의 다른 모습이 보이기 시작합니다. '내용으로서의 자기'에서 거리를 두면 이야기가 담지 못한 자신과 다른 사람의 그대로의 모습이 눈에 들어옵니다. 이때, 수용-전념 치료에서 이야기하는 '과정으로서의 자기'와 '맥락으로서의 자기'를 경험할 수 있습니다. '내용으로서의 자기', '과정으로서의 자기' 그리고 '맥락으로서의 자기'가 수용-전념 치료에서 이야기하는 '세 가지의 나'입니다(이선영, 2017). 나는 스스로 쓴 나에 관한 이야기보다 크다는 것을 알아차리는 것이

'과정으로서의 자기'와 '맥락으로서의 자기'를 경험할 수 있는 첫걸음입니다. '과정으로서의 자기'와 '맥락으로서의 자기'를 인식할 수 있는 경험적 연습을 소개합니다(Hayes & Smith, 2010).

마음 챙김

1. 다양한 악기가 연주되는 클래식 음악(교향곡, 협주곡 또는 현악 사중주곡)을 선택한 후, 음악이 익숙해질 때까지 여러 번 듣습니다.

2. 음악이 익숙해지면, 한 악기의 소리에 집중하며 듣습니다.

3. 음악을 다시 듣습니다. 이번에는 두 악기의 소리를 동시에 들어봅니다.

4. 마지막으로 곡 전체에 초점을 두어 동시에 모든 악기의 소리를 들어봅니다. 클래식 음악에서 다양한 악기의 소리를 인식하면서도 전체 선율을 들을 수 있는 것처럼, 우리 안 각각의 생각, 감정, 그리고 기억을 주의 깊게 알아차리면서도, 그것들이 모여 이루는 지금 이 순간의 화음을 인식할 수 있는지 돌아봅니다.

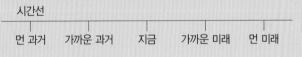

경험적 연습 12 · 지금 이 순간, 머무른 시간 알아차리기

1. 3분 동안 마음에 어떤 생각과 감정이 떠오를 때마다 손가락을 그 생각과 감정이 떠오른 시간 선상에 올려놓습니다. 3분이 지나면, 자신이 주로 어떤 시간에 머물렀는지 돌아봅니다.

시간선

| 먼 과거 | 가까운 과거 | 지금 | 가까운 미래 | 먼 미래 |

2. 이번에는 3분 동안 미래 또는 과거에 관한 생각 또는 감정이 떠오를 때마다 그 생각과 감정 말고 지금 이 순간 떠오르는 생각과 감정(보이는 것, 들리는 것, 느껴지는 것)이 무엇인지 알아차릴 수 있도록 합니다. 손가락이 과거와 미래로 갈 때 다시 지금으로 돌아오도록 하는 것이 이 연습을 위해 도움이 됩니다.

3. 손가락을 지금으로 옮기려고 할 때, 마음이 나에게 어떤 말을 하는지 살펴봅니다.

※ Hayes, S. C., & Smith, S.(2010). 마음에서 빠져나와 삶 속으로 들어가라: 새로운 수용전념치료. 문현미 민병배 역. 서울: 학지사. '연습: 생각을 시간상으로 추적하기' 참고.

〈마음 챙김 – 클래식 음악 듣기〉에서 여러 악기 중 한 악기의 소리를 구분할 수 있으면 다른 악기의 소리도 같이 인식할 수 있는 것처럼, 지금 이 순간 마음이 머무른 시간을 알아차리면 과거와 미래의 생각과 감정과 함께 현재의 생각과 감정을 인식할 수 있습니다. 그 생각을 하느라 놓치고 있는 지금 이 순간의 생각을 알아차릴 수 있습니다.

과거와 미래에 관한 생각과 감정이 지금 이 순간의 생각과 감정과 함께 있음을 알 수 있고, 그것을 경험하는 '나'가 지금까지 '나'라고 생각해 온 것과 다르다는 것도 어렴풋이 인식할 수 있습니다. 이 경험은 한때 우리를 사로잡은 생각, 감정, 그리고 기억으로 엮은 이야기보다 우리의 삶이 더 큼을 알려 줍니다. 또 '나'가 지금 이 순간으로부터 주의를 빼앗길 때 '마음'에 주로 어떤 생각, 감정, 그리고 기억이 떠오르는지 현재에서 과거와 미래로 움직이는 손가락을 보면서 알아차릴 수 있습니다.

여기서 주의할 것은 자기 자신을 설명하기 위해 새로운 이야기를 만드는 것입니다. 이는 '내용으로서의 자기'에서 거리를 두는 것이 아니라, 또 하나의 '내용으로서의 자기'를 만드는 행동입니다. '내용으로서의 자기'가 새롭게 만들어졌다고 해서 이전의 '내용으로서의 자기'는 사라지지 않습니다. 스스로 만든 자기 자신에 관한 이야기가 복잡해지고 무거워질 뿐입니다. 고통스러운 경험을 할 때마다 이 경험을 견딜 만하게 해주는 이야기를 만드는 것은 그때의 생각과 감정을 있는 그대로 경험하지 못하게 하는 부작용이 있습니다. 불편한 생각, 감정, 그리고 기억을 경험할 때마다 새로운 이야기를 만드는 것이 우리가 지금까지 반복해 온 행동이고 고통에 불필요한 고통이 더해진 원인입니다.

〈경험적 연습 12-지금 이 순간, 머무른 시간 알아차리기〉를 해보면 마음은 끊임없이 어떤 생각, 감정, 그리고 기억을 만들어 냄으로써 지금 이 순간으로부터 우리를 과거와 미래로 데려간다는 것을 배울 수 있습니다. 과거와 미래에 관한 생각, 감정, 그리고 기억을 있는 그대로 놓아둔 채 지금 이 순간에 생각나는 것과 느끼는 것에 집중하면 마음에 떠오르는 생각과 감정이 지금 일어나는 유일한 사건이 아님을 깨닫습니다. 이는 우리가 불편한 흰곰을 만날 때 피하거나 도망치지 않고 지금 이 순간에 머무를 힘을 줍니다.

'나는 합리적이고 유능한 선생님이다.'라는 '내용으로서의 자기(the conceptualized self)'에 빠져 있는 선생님이 그 이야기에 포함되지 않는 삶의 남은 부분을 인식하고 그것들을 있는 그대로 받아들일 때, 지금 이 순간이 자기 생각보다 큼을 인정할 수 있습니다. 자기 생각으로 하는 이야기에 귀를 기울이는 것을 멈추고 지금 함께 있는 다른 사람의 이야기에 주의를 기울일 수 있습니다. 내 생각이 항상 옳다면 내 생각만큼만 세상이 좋아질 수 있지만, 더 좋은 생각이 있을 수 있음을 받아들이면 세상은 내가 생각지도 못한 방식으로 좋아질 수 있음을 배웁니다. 이 경험은 그동안 이야기에 빠져있어서 있는 그대로 경험하지 못한 생각, 감정, 그리고 기억을 일깨웁니다. 그 생각, 감정, 그리고 기억을 지금 이 순간 다시 경험하면서 우리는 솔직하지 못해 놓쳐버린 혹은 흘려버린 소중한 순간들을 뼈저리게 후회합니다. 그 후회로 어떤 것도 되돌릴 수 없음을 배우고 나서야 새로운 시작을 할 수 있습니다.

05 | 삶의 작은 변화 인식하기

'내용으로서의 자기(the conceptualized self)'는 스스로 쓴 자기 자신에 관한 이야기이며, 분명한 사실을 담고 있습니다. 자신에게 일어나는 일이 무엇인지 알아차리도록 하는 '과정으로서의 자기(the knowing self)'는 '내용으로서의 자기'를 형성하기도 하고 또 변화하게도 합니다(Hayes & Smith, 2005). '과정으로서의 자기'는 지금까지 자신이 어떻게 살아왔는지, 무엇을 좋아하고 싫어하는지, 어떤 생각, 감정, 그리고 기억을 경험하고 있는지, 가치 있다고 생각하는 것이 무엇이며 그것을 위해 어떤 노력을 기울였고 더 필요한 것은 무엇인지 돌아볼 수 있게 합니다. 또, 선입견에 갇혀서 보지 못한 다른 사람의 새로운 모습을 발견함으로써 타인에 관한 판단을 바꾸게도 합니다. '과정으로서의 자기'는 마음이 만들어 내는 흰곰으로부터 거리를 두고, 눈앞에 있는 삶에서 일어나는 지금 이 순간의 생각, 감정, 그리고 기억을 있는 그대로 받아들일 수 있도록 도와줍니다.

이처럼 '과정으로서의 자기'는 '피부 밖의 세상'과 '피부 안의 세상'에서 일어나고 있는 일이 무엇인지 있는 그대로 알아차림으로써, '내용으로서의 자기'에서 거리를 두고 스스로 쓴 자기 자신에 관한 이야기에서 벗어날 수 있도록 도와줍니다.

'과정으로서의 자기'가 '내용으로서의 자기'를 바라볼 때, '나'는 어렴풋이 또 하나의 '자기'를 경험합니다. '과정으로서의 자기'로 '나'가 누구이고 어떤 사람인지 성찰하면서 '내용으로서의 자기'가 형성되고 변화하는 지금 이 순간, 이 모든 것들이 일어나고 있는 장소이면서도 변하지 않고 그대로 있는 '자기'는 무엇일까요?

우리는 체스 비유에서 매일 매 순간 펼쳐지는 흰 말과 검은 말의 싸움의 승패와 관계없이 체스판은 그 자리에 그대로 있다는 걸 알았습니다. 마찬가지로 시시때때 변하는 날씨에도 하늘은 그대로 있습니다. 구름과 노을이 한때 하늘을 수놓을 순 있지만 시간이 지나면 어떤 흔적도 남기지 못하는 것처럼, 한 치 앞도 보이지 않을 정도로 쏟아지는 폭우와 폭설도 하늘을 지우진 못합니다. 변덕스러운 날씨에도 하늘이 움직이지 않는 것과 같이 파도가 거세게 몰아쳐도 바다는 그 자리에 그대로 있습니다. 체스판, 하늘, 그리고 바다가 ACT에서 이야기하는 '맥락으로서의 자기(the observer self or self-as-context)'이며, '과정으로서의 자기'가 '내용으로서의

'자기'를 바라볼 때 어렴풋이 느끼는 또 다른 '나'입니다(Luoma, Hayes, & Walser, 2012).

'맥락으로서의 자기'는 '나'를 휩쓸어 가버릴 정도로 강한 사건을 만났을 때 그것에서 도망치거나 피하지 않고 있는 그대로 받아들일 수 있도록 도와줍니다. 게임이 아무리 치열해도 끝나고 나면 체스판은 그대로 있는 것처럼, 한순간 나를 지워버릴 것 같은 불안, 초조, 실망, 좌절도 시간이 지나면 다른 생각, 감정, 그리고 기억들에게 자리를 넘겨주고 '맥락으로서의 자기'는 남아있다는 것을 일깨워 주기 때문입니다. 그 불안, 초조, 실망, 좌절이 시간이 지나면 다른 감정들에 자리를 넘겨준다는 것은 그것들이 아프지 않다고 이야기하는 것도 아니며 그것들을 경험하는 순간이 지나갈 때까지 삶을 견디라고 하는 것이 아닙니다.

'피부 안의 세상'과 '피부 밖의 세상'에서 만나는 사건들이 한순간 우리를 압도하더라도 그것들이 일어나고 사라지며 다시 생겨나고 없어지는 '맥락으로서의 자기'가 그대로 있다는 것은 그것들에게서 도망치거나 외면하지 않고 함께 머물러도 삶은 끝나지 않음을 알려줍니다. 그리고 그 사건들을 있는 그대로 받아들일 때, 우리 안에 있는 시계는 우리가 살아온 시간만큼 움직일 수 있습니다. 살아온 시간만큼 우리 안에 있는 시계가 움직여야 마음에 그려지는 과거와 미래가 아닌 지금 이 순간 함께 있는 사람들과 현재를 살아갈 수 있습니다. 스스로 쓴 자기 자신에 관한 이야기에서 벗어나 눈앞에 있는 삶의 작은 변화를 알아차릴 수 있습니다.

인생은 한 번이고 지나간 시간은 돌아오지 않으며 지금 이 순간 하고 싶은 일을 하면서 살아야 후회가 되지 않는다는 것을 모르는 사람은 없지만, 이를 경험하기는 쉽지 않습니다. 삶의 대부분은 일상이고, 매 순간 우리는 일상을 위한 선택을 해야 하며 반복된 선택들은 습관이 되고 그 습관들로 삶이 채워지기 때문입니다. 간혹, '과정으로서의 자기'가 지금 이 순간 자신이 무엇을 하고 있는지 알아차리고 조금 다르게 살아보고 싶다고 이야기하지만, 우리 안에 있는 시계가 지금 이 순간에 머물러 있지 않으면 과거와 미래에 머문 시침과 분침이 현재를 가립니다.

'맥락으로서의 자기'는 한 번의 행동을 한 번의 행동으로 경험하도록 함으로써 우리 안에 있는 흰곰에게 휩쓸리지 않도록 도와줍니다. 또, '피부 안의 세상'과 '피부 밖의 세상'에서 만나는 사건들이 그 순간에만 경험할 수 있는 것들이며 시간이 지나면 흘러가 버린다는 것을 알기 때문에, 힘들고 괴로운 일을 경험할 때는 그것을 피하지 않고 있는 그대로 받아들이고 기쁘고 행복한 일을 경험했을 때는 만끽할 수 있도록 도와줍니다. 매일 노을은 찾아오지만, 똑같은 노을은 없는 것처럼, 일상은 반복되지만, 어제와 똑같은 하루는 없습니다.

학교에서 '맥락으로서의 자기'의 비유가 가장 어울리는 곳은 '빈 교실'입니다. 교실에서 매일 일상을 함께하던 선생님과 아이들은 일 년이 지나면 다른 사람들에게 그 교실을 물려줍니다. 3월의 첫 만남 부터 2월의 헤어짐까지, 온갖 사고와 사건들이 그 시간을 빽빽하게 채우지만, 당연한 듯 일상을 함께하던 사람들은 시간이 지나면 각 자의 자리를 찾아 떠나고 빈 교실만 남아 새로운 사람들과 그들이 만들어 갈 또 다른 일상을 기다립니다. 마음이 녹아버릴 것 같은 달 콤한 순간도 날카로운 감정으로 서로에게 상처를 내던 쓰디쓴 순간 도 있었겠지만, 시간이 지나 함께 하던 사람들은 떠나가고 빈 교실 만 남습니다.

우리가 떠난 후 빈 교실만 남아있다고 생각하면 어떤 느낌이 들 지 물어보면 아이들은 새삼스럽게 주위를 돌아봅니다. 학년이 바뀌 면 교실을 떠날 것을 알고 있지만, 반복되는 일상에서 어제와 똑같 은 하루가 매일 반복될 거라고 착각하게 됩니다. 이 새삼스러운 감 정은 지금 이 순간이 흘러간다는 것이 어떤 의미인지 일깨웁니다. 흘러가 버릴 것을 알기 때문에 한순간 나를 휩쓸고 지워버릴 것 같 은 사건을 만났을 때 그것에서 거리를 둘 수 있도록 해주면서도 그

것을 있는 그대로 받아들이도록 도와줍니다.

마음 챙김

1. 눈을 감고 지금껏 살면서 경험한 일중에 사진처럼 선명하게 머리속에 남은 행복한 순간들을 떠올려 봅니다.

2. 가장 달콤한 기억을 골라 더 자세하게 떠올려 봅니다.

3. 그 당시로 가서 함께 있던 사람, 들리는 소리, 풍경, 향수 등 달콤한 순간에 같이 있던 것들을 천천히 살펴봅니다.

4. 달콤한 순간을 완전히 음미한 후, 눈을 뜨고 주위를 둘러보고 지금 이 순간 함께 있는 사람들, 들리는 소리, 풍경, 향수 등을 살펴봅니다.

경험적 연습 13 · 빈 교실

1. 3월부터 지금까지 교실에서 있던 일 중에 기억에 남는 순간들을 적어봅니다.

2. 가슴을 따뜻하게 적신 순간도 좋고, 친구와 다투거나 선생님에게 꾸중을 들어서 화가 난 순간도 좋습니다. 거짓말을 했는데 들키지않았거나, 잘못된 행동을 했는데 혼나지 않고 넘어간 것과 같이 친구들과 선생님은 모르는 비밀을 적어도 좋습니다.

3. 다 적은 친구들은 차례대로 그때 느낀 감정, 생각, 그리고 기억을 지금 이 순간에 다시 경험하는 것처럼 적어봅니다. 소리, 풍경, 향수 등 그때의 감각을 적어도 좋습니다.

4. 눈을 감고 그때 그 순간으로 가서 다시 음미합니다.

〈경험적 연습 13〉은 아이들끼리 심한 갈등이 있거나 혹은 학급에서 가장 행복한 순간에 해보는 것이 좋습니다. '빈 교실' 활동은 강한 감정 또는 생각으로 지금 이 순간이 영원할 것 같은 시간에도 삶에는 그 순간의 이야기가 담지 못하는 장면들이 있음을 일깨웁니다. 그 일깨움은 '맥락으로서의 자기'를 경험할 수 있도록 도와주며 한순간의 강렬한 내적 경험을 있는 그대로 받아들일 수 있도록 합니다. 마음속 흰곰이 속삭이는 이야기로 세상을 바라보는 것이 아닌, 눈앞에 있는 사람들과 삶의 작은 변화를 가꾸어 가며 살아갈 수 있도록 합니다.

삶에 관한 불완전한 이해는 스스로 자신에 대해 일관성 있는 이야기를 구성하도록 부추깁니다(Luoma, Hayes, & Walser, 2012). 불안할 때, '나는 쉽게 불안해지는 사람이야.'라고 말하며, 불안에 관한 이유를 말하는 사람을 예로 들어봅시다. 나는 쉽게 불안해지는 사람이기 때문에 지금 내가 느끼는 불안은 이유가 되고, 이유가 합리적일수록 불안해지는 것을 당연하게 여기게 됩니다. 합리적인 이유는 비슷한 상황이 올 때마다 똑같은 행동을 반복하게 하면서, 그 상황 안에 있는 삶의 작은 변화를 눈치채지 못하게 합니다. 그 순간에 머무르지 않고 불안할 만한 상황을 미리 피하게 되는 방식으로 행동하게 합니다. 피하기만 한다면 우리는 삶을 이해하기보다는 오해할 수 있습니다. '내용으로서의 자기'가 자신에 관한 이야기를 만들고 그 이야기 속에 자신을 구속할 때 '맥락으로서의 자기'가 필요합니다. '내용으로서의 자기'는 자신을 설명하고 정체성을 유지하도록 도움을 주기도 하지만, 자신을 규정지음으로써 일정한 삶의 틀로 자신을 가두기도 하기 때문입니다. 이야기가 가진 고통스러운 내용에 초점을 맞추면서 유연하게 행동할 힘을 잃어버리게 합니다(Willson & Kelly G, 2013).

'맥락으로서의 자기'는 현재 순간에 머무를 수 있도록 도와줌으로써 우리가 문제라고 생각해 온 불편한 감정, 생각, 그리고 기억과 같은 내적 경험을 없애거나 피하려고 하는 데 쓴 시간과 힘을 지금 이 순간을 살아가는 데 쓸 수 있도록 도와줍니다. '내용으로서의 자기'가 담지 못한 지금 이 순간의 삶의 장면들을 인식할 수 있도록 도와줌으로써, 한순간에 강렬한 불편한 흰곰을 경험하더라도 삶은 그보다 큼을 알아차리도록 하면서 우리가 습관적으로 해온 행동과 다른 행동을 할 수 있는 용기를 줍니다. 또 그 순간을 기꺼이 경험할 수 있는 자발성을 심어 줍니다.

지금까지 '맥락으로서의 자기'가 무엇이고 어떤 도움을 줄 수 있는지 살펴봤습니다. '맥락으로서의 자기'는 자신이 쓴 이야기 안에서 지금 이 순간 눈앞에 있는 사람들과 삶의 작은 변화를 인식하고 새로운 행동을 할 수 있는 심리적 유연성을 길러준다는 것을 배웠습니다. 이 유연성은 '내용으로서의 자기'가 담지 못한 삶의 새로운 가능성을 찾도록 도와주며, 힘들고 고통스러운 경험을 있는 그대로 받아들일 수 있도록 자신을 성장시킬 힘이 됩니다. 나에 관한 부정적인 이야기를 다시 쓰지 않아도 새로운 삶을 시작할 수 있음을 일깨워 줍니다. 불편한 감정, 생각, 그리고 기억과 같은 나의 일부분과 싸우지 않고, 지금 이 순간 자신이 중요하다고 여기는 가치와 관련된 선택을 할 수 있도록 합니다.

06 | 지금 이 순간을 살아가기

불안, 우울, 그리고 좌절과 같은 고통스러운 경험이 우리를 찾아올 때 우리는 그 감정들로 정말 아프므로 있는 그대로 받아들이는 것이 힘이 듭니다. 사랑하는 사람과 이별하면 새로운 인연을 만나는 것이 두려운 것처럼 우리를 가슴 아프게 하는 경험은 그와 비슷한 경험을 하는 것을 주저하게 합니다.

용기를 내어 새로운 사람과의 만남을 시작했더라도 지금 함께 있는 사람의 모습에서 과거 연인의 모습이 보이면 더 깊은 관계를 맺기 전에 인연을 정리하기도 합니다. 새로운 인연과 과거의 인연은 분명 다르다는 것을 알지만 이별의 경험이 너무 고통스러웠기 때문에 새로운 사람을 있는 그대로 마주할 수 있는 여유가 없어지기 때문입니다.

우리를 아프게 하는 경험을 고통스럽지 않게 받아들일 수 있는 방법은 없습니다. 불안, 우울, 좌절과 같은 고통스러운 감정을 문제라고 보고 이들을 없애거나 통제하려고 하는 기존의 심리학적 접근들은 큰 효과를 거두지 못했습니다(이선영, 2017). 부정적인 생각을 합리적으로 논박하거나 불편한 감정을 덜 불편한 감정으로 바꾸려고 노력하는 방식은 잠깐 고통에서 벗어나게 도와줄지는 몰라도 근본적인 해결책이 되기는 어렵습니다. 불편한 생각, 감정, 그리고 기억을 없애거나 벗어나려고 힘을 쓸수록 지금 이 순간을 살아가는 데 쓸 힘이 적어지고 현재는 또다시 아쉬움으로 남기 때문입니다. 부정적인 생각을 합리적으로 논박하거나 불편한 감정을 덜 불편한 감정으로 바꾸는 대안으로 수용-전념 치료에서는 '수용'을 제안합니다.

건강하고 행복한 삶을 살기 위해 불편한 생각, 감정, 그리고 기억을 수용해야 함을 아는 것과 실제로 경험하는 것은 많은 차이가 있습니다. 이는 고통스러운 경험을 할 때 그것을 수용하면서 지금 이 순간의 가치와 관련된 선택을 해야 한다는 수용-전념 치료의 메시지가 때로는 '포기' 또는 '합리화'로 들리는 이유이기도 합니다.

'수용'은 불편한 생각, 감정 그리고 기억들과의 싸움을 '포기'하거나 그것들을 아무렇지 않게 받아들이는 것 같은 '합리화'를 하고 있다고 오해할 수 있습니다. 우리는 어려서부터 의지와 능력의 문제로 감정을 통제할 수 있다고 배웠기 때문에 문제가 되는 감정과 생각이 사라져야 행복해질 수 있다고 생각합니다(Hayes & Smith, 2010). 그 생각은 불편한 감정과 생각을 경험할 때 그것들을 통제하지 못하는 자신을 탓하게 합니다. 이는 불안, 우울, 그리고 좌절과 같은 감정을 경험할 때 그것들을 통제하기 전에는 삶을 제대로 살 수 없을 것 같다고 느끼게 하고, '수용'을 '포기' 또는 '합리화'로 오해하게 합니다.

불편한 감정, 생각, 그리고 기억을 '수용'한다는 것이 '포기' 또는 '합리화'로 오해되지 않기 위해서는 지금 이 순간에 진정으로 머무는 경험이 필요합니다. '수용'의 목적이 고통스러운 경험을 덜 고통스럽게 만들어 주는 데 있는 것이 아니라 그 경험으로 마음이 아프고 더 이상 삶이 남아 있지 않을 것 같더라도 지금 이 순간을 온전히 인식하며 살아갈 힘을 기르는 데 있음을 경험해야 합니다.

잠시 눈을 감고, 마음 아프거나 후회되었던 순간을 떠올려 봅시다. 그 순간 느낀 불안, 부끄러움, 실망 등 나를 작게 했던 감정들을 되새긴 후 다시 눈을 뜨면, 어리석게 행동한 자신에 관한 후회와 자책으로 지금 이 순간에 머무는 것이 어렵게 느껴지지 않나요? 과거에 그렇게 행동할 수밖에 없던 이유를 찾느라 눈앞에 있던 변화의 가능성을 놓친 기억은 없었는지 되돌아봅시다.

수용-전념 치료에서 '현재 순간에 접촉하기'는 항상 지금 이 순간에 머무르는 것을 의미하는 것이 아니라, 좀 더 유연해짐으로써 내담자의 가치를 실현할 수 있는 데 도움을 줄 때 필요하다고 이야기합니다(Luoma, Hayes, & Walser, 2012). 과거에 관한 후회나 미래에 관한 기대로 변화의 가능성을 놓치지 않도록 지금 이 순간을 '수용'할 수 있는 심리적 유연성을 키워서 행복한 삶을 살 수 있도록 도움을 주고자 합니다. 이는 내적인 경험과의 싸움을 멈추고 자신이 가치를 둔 삶을 사는 데 시간과 힘을 쓰라는 '수용-전념 치료'의 메시지를 일관적으로 전달합니다.

앞서 이야기한 것처럼, 불편한 생각, 감정, 그리고 기억을 '수용' 한다는 것은 고통스러운 내적 경험을 덜 아프게 만들어 주지 않습니다. '수용'은 불안, 좌절, 절망과 같은 고통스러운 감정을 견딜 만한 감정으로 바꿔주는 것이 아니라, 그것들을 온전히 경험하는 것을 의미하기 때문입니다. '수용'을 경험하기 위해서는 지금 이 순간에 온전히 머무는 것이 필요합니다. 이 경험은 힘든 순간을 마주한 자기 자신을 위로할 수 있도록 도와주고, 나와같이 고통스러운 경험으로 힘들어하는 다른 사람을 따뜻하게 보듬을 수 있는 여유를 줍니다. '수용'이 불편한 생각, 감정, 그리고 기억과의 싸움을 '포기' 하거나 괜찮은 것이라고 '합리화'하는 것으로 오해되지 않도록, 지금 이 순간에 머무르는 경험을 할 수 있는 활동을 소개합니다.

마음 챙김

1. 지금 머릿속에서 문득 스쳐 간 생각을 떠올려 봅니다.

2. 눈을 감고 그 생각을 1분간 계속해 봅니다. 예를 들어 배가 고프다는 생각이 들었으면 어떤 것을 먹고 싶은지에 대한 생각을 해봅니다.

3. 1분이 지나면 눈을 뜹니다. 이번에는 눈을 뜨고 1분 동안 내가 머무는 곳 주변에서 들리는 소리와 보이는 것을 자세히 관찰합니다. 만약 눈을 감았을 때 생각한 것이 떠오르면 그 생각을 따라가지 말고 지금 이 순간에 집중합니다.

4. 그 생각을 따라가지 않고 지금 이 순간에 머물렀을 때 어떤 느낌이 드는지 말해봅니다.

경험적 연습 14 · 현재 순간에 접촉하기

1. 살면서 후회되거나 부끄러운 경험을 떠올려 봅니다.

2. 눈을 감고 1분 동안 그 시간으로 돌아가 봅니다. 그때 상황을 떠올리면서 어떤 감정들을 겪었는지 생각해 봅니다.

3. 눈을 뜨고 짝꿍과 이야기합니다. 날씨, 게임 등 어떤 주제든 상관없습니다. 단, 방금 떠올린 후회되거나 부끄러운 경험에 관한 생각을 최대한 하지 않도록 하면서 이야기합니다. 이때 짝꿍의 얼굴, 옷차림도 집중해서 봅니다. 준비되면 1분 동안 이야기를 나눕니다.

4. 1분이 지나면 이야기를 멈춥니다. 다시 눈을 감고 처음에 떠올린 후회되거나 부끄러운 경험을 다시 떠올려 봅니다.

5. 눈을 뜨고 다시 짝꿍과 1분간 이야기를 나눕니다. 이때 주의할 점은 후회되거나 부끄러운 경험이 떠오르더라도 그 생각을 따라가지 않고 지금 짝꿍과 하는 이야기에 집중하는 데 있습니다. 짝꿍의 얼굴, 옷차림도 주의를 기울여서 봅니다.

6. 짝꿍과 첫 번째 대화를 했을 때와 두 번째 대화했을 때를 비교해봅니다. 언제 짝꿍과의 이야기에 더 집중할 수 있었고, 짝꿍을 더 자세히 관찰할 수 있었는지 생각해 봅니다.

7. 짝꿍과의 이야기가 끝났을 때, 후회되거나 부끄러운 경험을 했던 순간의 감정이 사라졌는지도 살펴봅니다.

마음 챙김 활동에서 나를 사로잡은 생각을 따라가지 않고 지금 이 순간에 머물렀을 때, 생각을 따라가면 인식하지 못하는 주변의 소리, 풍경들이 눈에 들어옴을 경험할 수 있습니다. 그 경험은 우리가 지금 이 순간에 있는 것들과 함께하지 못하고 마음에 떠오르는 생각, 감정, 그리고 기억에 머물러 왔음을 일깨워 줍니다. 특히 교실에서 지금 이 순간이 견디기 힘들 때, 마음에 떠오르는 생각, 감정, 그리고 기억들에 머물게 됩니다.

〈경험적 연습 14·현재 순간에 접촉하기〉 활동이 끝나고 아이들에게 물어보면, 생각이 흘러가도록 둔 두 번째 대화에서 더 이야기에 집중할 수 있었다고 합니다. 나를 아프게 하는 경험이 실제로 사라지진 않았지만, 생각을 떠올리려고 하지 않았을 때보다 그 생각이 떠오르는 대로 두었을 때 짝꿍과 하는 이야기에 더 신경을 쓸 수 있었다고 합니다.

나를 아프게 하는 생각이 실제로 사라지진 않지만, 그 생각과의 싸움을 멈추었을 때 함께 있는 짝꿍에게 더 집중하게 된 경험은 지금 이 순간을 온전히 수용한다는 것을 이해하는 데 중요한 열쇠가 됩니다. 불편한 생각, 감정, 그리고 기억을 무시하거나 합리화하는 것이 아니라 그것들을 수용한 채 지금 이 순간을 살아가는 것이 현명한 일임을 받아들일 수 있도록 도와줍니다.

지금 이 순간에 떠오르는 불편한 생각, 감정, 그리고 기억을 '수용'하는 것은 지나간 것은 '어쩔 수 없음'을 받아들이는 것에서 출발합니다. '어찌할 수 없음'을 받아들이는 것은 어렸을 때 부모님에게 상처받았더라도 성인이 된 후에 행복한 삶을 살아가기 위해서는 그 상처를 가지고도 자신을 변화시켜야 함을 깨닫는 것과 같습니다. 속수무책으로 상처를 입을 수밖에 없던 어린 시절의 나와 성인이 된 나를 분별하고, 억울하고 화가 나지만 삶의 변화는 지금 이 순간의 내가 책임질 수밖에 없음을 자각하는 것이 '어쩔 수 없음'을 받아들이고 지금 이 순간을 '수용'하는 것과 맥을 같이합니다.

'어찌할 수 없음'을 받아들이고 '수용'을 해야 한다는 것이 어떤 느낌이 드나요? 나를 주저앉게 하는 생각들과 함께 살아야 한다는 것에서 자기 자신에 대한 연민이 느껴지지 않나요? 이 연민은 더 이상 '수용'을 불편한 생각, 감정, 그리고 기억들과의 싸움을 '포기'하거나 그것들을 견딜 만하게 하는 '합리화'로 여겨지지 않게 합니다. '수용'의 목적이 고통스러운 경험을 덜 고통스러운 경험으로 만들어 주는 데 있는 것이 아니라, 그 경험을 '어찌할 수 없음'으로 받아들이고 지금 이 순간의 선택을 책임지며 살아가야 한다는 것을 일깨우기 때문입니다.

07 | 흰곰과 중심 잡기

우리는 건강한 사람을 심리적인 어려움이 있어도 이를 잘 극복해 내는 사람이라고 생각합니다. 불안하거나 우울하더라도 자신에게 주어진 일을 성실하게 수행하는 사람을 건강하다고 여깁니다. 건강한 사람은 심리적인 고통에서 벗어날 힘이 있으며, 불안하거나 우울한 감정을 느끼는 것은 건강하지 않다고 판단합니다. 감정을 의지와 능력으로 해결할 수 있고 감정에 휘둘리는 것을 나약하다고 믿습니다.

하지만 아무 일 없이 건강하게 지내는 듯 보이는 사람들도 심리적인 어려움을 호소하기도 합니다. 성공적인 직장 생활을 하다가 매너리즘에 빠져 은퇴를 결심하거나 잘 닦아놓은 삶의 기반을 무너뜨리는 어리석은 선택을 하기도 합니다.

강한 사람과 건강한 사람의 의미는 다릅니다. 강한 사람은 부정적인 감정을 통제하는 데 익숙한 사람을 말하며 건강한 사람은 불안, 우울과 같은 감정을 수용할 수 있는 사람을 의미합니다. 고통스러운 경험을 할 때 강한 사람은 이를 이겨내려고 노력하는 반면 건강한 사람은 잠시 멈춰서 그 경험이 자신에게 주는 의미를 돌아봅니다. 수용-전념 치료의 목표인 심리적 유연성은 강한 사람과 건강한 사람을 구분 짓는 핵심적인 요소이며 불편한 생각, 감정, 그리고 기억과 싸우는 데 쓴 시간과 힘을 자신의 가치에 따라 지금 이 순간을 살아가는 데 쓸 수 있도록 도와줍니다.

흰곰은 수용-전념 치료에서 말하는 불안, 우울과 같은 부정적인 내적 경험입니다. 강한 사람은 불편한 흰곰이 찾아오면 그 흰곰이 사라져야 행복한 삶을 살 수 있다고 생각합니다. 불안하지 않거나 우울하지 않아야 행복하게 살 수 있다고 믿습니다. 그 믿음은 불안과 우울 같은 부정적인 감정들로 힘들어하는 자신을 자책하게 합니다. 감정을 의지와 능력으로 해결할 수 있다고 믿어왔기 때문에 불편한 감정을 경험하는 순간 자기 자신을 따뜻하게 위로하지 못하고 나약한 사람이라고 탓하게 합니다.

이에 반해, 건강한 사람은 불안, 우울과 같은 감정을 수용할 수 있는 힘이 있습니다. 부정적인 감정을 경험할 때, 자신을 나약하다고 탓하지 않고 자신을 따뜻하게 보듬을 수 있습니다. 심리적으로 고통스러운 경험을 아프지 않게 받아들일 수 없음을 알고, 의지와 능력으로 감정을 통제할 수 없음을 인정할 수 있습니다.

우리는 불안, 우울과 같은 감정이 고통스러우므로 고통에 관한 이야기를 만들어 냅니다. 논리적으로 설명될 수 있고 그 논리가 합리적일수록 고통은 필수 불가결하고 예측할 수 있으며 미리 피할 수 있는 것이 됩니다. 스스로 쓴 자기 자신에 관한 이야기를 강하게 믿을수록 새로운 것을 시도하거나 낯선 사람을 만나는 것을 주저하게 됩니다. 익숙한 이야기에서 벗어나는 행동은 그토록 피하고자 한 불안과 같은 부정적인 감정을 경험하게 하기 때문입니다. 강한 사람은 스스로 쓴 자기 자신에 대한 이야기로 세상을 바라보지만 건강한 사람은 그 이야기를 내려놓고 세상을 직접 마주합니다.

심리적으로 고통스러운 감정을 경험할 때 자신을 따뜻하게 위로하지 못하고 나약한 사람이라고 자책하는 것이 수용-전념 치료에서 말하는 고통의 핵심입니다. 부정적인 감정을 느낄 때 우리를 더 힘들게 하는 것은 자신만 그 감정으로 고통받는 것 같은 소외감입니다. 수용-전념 치료에서는 불안과 우울과 같은 부정적인 감정을 누구도 원치 않지만, 사람이라면 경험할 수밖에 없는 인간 공통의 경험이라고 이야기합니다(이선영, 2017).

피하고 싶지만, 누구나 경험할 수밖에 없는 불안, 좌절, 절망과 같은 고통스러운 경험을 온전히 '수용'할 수 있도록 중심을 잡아주는 것이 이번 장에서 살펴본 '맥락으로서의 자기'와 '현재 순간에 접촉하기'입니다. '맥락으로서의 자기'는 불안, 우울과 같은 고통스러운 감정을 경험할 때 그 감정들이 자신의 전부가 아님을 일깨우며 '현재 순간에 접촉하기'는 고통을 피하고자 해온 익숙한 행동에서 벗어나 지금 여기에 온전히 머물며 새로운 선택을 할 힘을 길러줍니다.

강한 비바람이 하늘을 지워버리지 못하는 것처럼, 나를 압도하는 감정 경험도 나 자신을 지울 순 없습니다. 시간이 지나면 나를 힘들게 하던 불안, 좌절과 같은 감정들도 다른 감정들에 자리를 내어줍니다. 한순간 우리를 지워버릴 것 같은 감정도 그 감정을 느끼는 나를 어쩌지 못한다는 사실은 우리가 지금 이 순간에 마음을 열 수 있는 안정감을 줍니다.

'맥락으로서의 자기'와 '현재 순간에 접촉하기'는 수용-전념 치료에서 이야기하는 치료의 두 번째 기둥인 '중심을 잡는 과정(Centered)'을 구성합니다(이선영, 2017). 더 큰 나가 되어 지금 이 순간을 살아간 경험은 내가 진정으로 원하는 것이 무엇이고 그 가치를 실현하기 위해 어떤 행동을 해야 하는지를 진심으로 궁금하게 합니다. 이 궁금증은 수용-전념 치료의 세 번째 기둥인 '관여하기(Engaged)'를 구성하는 '가치(Values)'와 '전념 행동(Commited Action)'으로 우리를 데려갑니다.

다음 장에서는 가치와 전념 행동을 아이들과 교실에서 경험할 방법에 대해 살펴보도록 하겠습니다.

memo

제4장

흰곰과 가치 찾기

1. 삶의 가치는 멈출 수 있는 지점을 알려준다
2. 창조적 절망감, 가치를 찾는 여정의 시작
3. 나를 불편하게 하는 감정은 삶의 가치를 일깨운다
4. FEAR 넘어가기
5. 삶의 가치 찾기
6. 생각은 먼지 하나도 움직일 수 없지만 행동은 적어도 나를 움직인다

수용—전념 치료의 궁극적인 목표는 불편한 감정, 생각, 그리고 기억을 안고도 행복한 삶을 살 수 있는 심리적 유연성을 기르는 데 있습니다(이선영, 2017). 부정적인 감정의 강도와 빈도를 낮추는 것이 행복한 삶을 위한 열쇠가 아님을 알아차리는 것에서 수용—전념 치료의 과정이 시작됩니다. 부정적인 감정들에서 벗어나려고 싸우는 것보다 온전히 수용하는 것이 현명한 일임을 받아들이는 것이 수용—전념 치료의 핵심 키워드입니다. 지금까지 우리는 불편한 생각, 감정, 그리고 기억을 수용하는 것이 '포기' 또는 '합리화'가 아니며, 한순간 나를 지워버릴 것 같은 고통스러운 감정을 경험할 때 더 큰 나로 중심 잡을 방법들을 배웠습니다. 이번 장에서는 수용—전념 치료의 세 번째 기둥인 세상에 관여하는(Engaged) 과정을 구성하는 '가치(Values)'와 '전념 행동(Committed Actions)'을 살펴보겠습니다. '가치'와 '전념 행동'은 우리를 수용—전념 치료의 마지막 여정으로 안내합니다.

01 | 삶의 가치는 멈출 수 있는 지점을 알려준다

삶에서 원하는 것이 단지 고통스러운 경험을 하지 않는 데 있는 것이 아니라면 우리는 마음과의 싸움을 잠시 멈추고 지금 이 순간 자신이 진정으로 원하는 것이 무엇인지 돌아볼 수 있습니다. 불편한 생각, 감정, 그리고 기억과의 이기고 지는 싸움에서 벗어나서 자신이 원하는 행복한 삶이 무엇인지 성찰할 수 있습니다. 불안하지 않고 우울하지 않아야 행복할 수 있는 것이 아니라 불안과 우울이 사라지지 않아도 그 감정들과 함께 행복한 삶을 살아갈 수 있음을 알아차릴 수 있습니다.

불안, 우울과 같은 부정적인 감정은 날씨와 같습니다. 우리는 날씨를 결정할 수 없지만 비가 오거나 눈이 내릴 때 할 수 있는 행동은 선택할 수 있습니다.

비와 눈이 그칠 때까지 기다리지 않고 지금 이 순간하고 싶은 것을 하면서 시간을 보낼 수 있습니다. 빗소리를 들으며 가만히 침대에 누워 있는 것도 괜찮고 눈이 오는 창가에 앉아 따듯한 차를 마시며 음악을 듣는 것도 좋습니다.

비와 눈이 오지 않아야 행복한 삶을 살 수 있다고 믿는 것이 어리석은 것처럼 불안과 우울이 없어야 행복한 삶을 살 수 있다고 믿는 것도 현명하지 않습니다. 갑작스러운 비와 눈처럼 부정적인 감정도 우리의 의지와 상관없이 찾아올 수 있다는 것을 받아들이면 우리는 그 감정들이 물러갈 때까지 삶을 견디거나 유보하지 않고 지금 이 순간을 의미 있게 보낼 수 있는 이정표를 찾게 됩니다. 부정적인 감정으로 흔들릴 때 삶을 의미 있는 순간들로 채울 수 있도록 도와주는 것이 수용-전념 치료에서 이야기하는 '가치(Values)'입니다.

부정적인 감정들을 수용할 수 있다면, 그 감정들에서 벗어나거나 통제하기 위해 쓴 시간과 힘을 행복한 삶이 무엇인지 성찰하는 데 쓸 수 있습니다. 지금 이 순간 내가 어떤 말과 행동을 하고 있는지 있는 그대로 듣고 볼 수 있습니다. 소중한 사람들이 한 말과 행동에 귀 기울이는 것처럼 내가 한 말과 행동에 주의를 집중할 수 있습니다. 가치(Values)는 습관적으로 반복해 온 말과 행동들이 자기 내면에서 우러나온 말인지 스스로 쓴 자기 자신에 관한 이야기의 각본에서 나온 말인지 분별할 수 있는 기준점이 됩니다.

자신이 무엇을 해야 행복할 수 있을지 진정으로 궁금해지면 우리는 자신의 가치가 무엇인지 고민하기 시작합니다. 지금까지 삶의 방향이 부정적인 감정들을 경험하지 않는 것이었다면, 이제부터의 삶의 이정표는 그 감정들과 함께 행복한 삶을 사는 것에 있기 때문입니다.

삶을 부정적으로 바라보는 사람들은 최선을 다한 것으로는 만족하지 않는 경향이 있습니다. 바꾸어 말하면, 부정적인 사람들은 과거에 다른 방식으로 최선을 다했다면 더 좋은 결과를 얻었을 거라고 착각합니다. 이 착각은 과거의 어느 순간에 삶이 이미 끝나버렸다는 절망을 불러일으킵니다. 그 순간에 있던 좋은 기회를 놓쳤기 때문에 아무리 노력해도 지금 이 순간을 최선의 결과로 만들지 못하리라는 전망은 우리를 주저앉게 합니다. 다르게 행동할 수 있었던 가능성에 사로잡혀 끊임없이 과거에 머무르고 후회하느라 지금 이 순간 눈앞에 있는 작은 가능성을 인식하지 못합니다. 과거에 하지 못한 것은 하지 못한 것입니다. 아무리 후회한다고 해도 과거를 다시 살 수 없습니다. 변화를 위해 할 수 있는 것은 지금 이 순간 내딛는 작은 발걸음입니다. 가치는 과거에 머무른 시선을 현재로 향할 수 있도록 도와줍니다.

가치를 향한 발걸음을 시작하면 그동안 외면해 온 자신의 약한

면을 만납니다. 특히 삶의 가치를 제대로 인식하지 못한 사람들에게는 지금까지 삶의 방식이 내가 진정으로 원하지만 이룰 수 없다고 생각해 온 것들을 외면하기 위해 선택한 것임을 인정해야 하는 순간이 오기도 합니다. 삶의 중요한 목표들을 이루고 나서 성취감보다는 허전함이 든다면 그 목표는 자기 자신의 가치에서 비롯된 것이 아닐 확률이 높습니다. 목표가 삶의 가치에 기반을 둔 것이라면 그 목표를 이루었을 때 서둘러 다음 목표를 찾지 않고 목표를 달성한 성취감을 음미하는 여유를 가질 수 있습니다.

이처럼, 가치는 우리에게 멈추는 지점을 알려줍니다(Hayes & Smith, 2005). 목표를 이루는 것만 생각하면 목표를 이루었을 때 느끼는 허망함 허우적댈 수 있습니다. 목표를 이룬 성취감도 잠시, 목표를 이룬 후 무엇을 해야 할지 몰라 갈팡질팡하고 그동안 들인 시간과 노력이 의미 없어 보일 수 있습니다. 하지만 가치를 향한 목표라면 다릅니다. 어떤 가치를 위한 목표를 이루었을 때는 가벼운 안도감을 느끼게 됩니다. 인생의 한 단계를 지나갈 때마다 허전해지는 것이 아니라 채워지는 느낌을 받습니다.

가치는 우리의 삶을 익숙하지 않은 불편함과 어색함으로 데려가기도 합니다. 한 번에 삶의 가치를 찾는다는 것은 매우 어려운 일이기 때문에 우리는 수많은 시행착오를 겪어야 합니다. 그 시행착오를 겪기 위해서는 가치를 향한 발걸음이 불러오는 불편함과 어색함을 수용할 수 있어야 합니다. 여행을 한 번도 가보지 못한 사람이 짐을 꾸리고 비행기를 타고 낯선 장소에서 처음 보는 사람들과 이야기하는 것을 반복하면서 여행에 익숙해지는 것처럼 말입니다.

살면서 힘든 순간이 오면 우리는 그 순간이 영원한 것처럼 여기게 됩니다. 평소 아무 일 없이 지내던 것보다 시간은 훨씬 천천히 흐릅니다. 그렇게 여기는 까닭은 우리의 마음이 힘든 순간을 기억하고 다음에 대비하기 위해서입니다. 그와 마찬가지로 가치가 가리키는 새로운 방향으로 걸어가면서 경험하는 불편함과 어색함은 그 가치가 진정으로 우리가 원하는 것인지 돌아보게끔 해줍니다. 인생에서 가치를 찾는 것만큼 중요한 일이 없으므로, 그만큼 어색함과 불편함은 더 크게 다가옵니다.

자신이 원하는 삶이 무엇인지 정확하게 알고 있으면 멈출 수 있는 지점도 알 수 있습니다. 가치는 삶의 이정표를 제공하면서도, 힘이 들 때 그 이정표를 따라가지 않고 잠시 쉴 수 있는 여유를 주기 때문입니다. 자기 행동과 선택이 스스로 할 수 있는 최선임을 받아들일 수 있으려면 자신의 가치를 명확하게 인식하는 것이 중요합니다. 삶의 가치는 나의 행동과 선택이 한 번뿐인 최선임을 일깨우며, 실패하더라도 새롭게 다시 시작할 수 있는 이정표를 제공합니다.

02 | 창조적 절망감, 가치를 찾는 여정의 시작

삶의 가치는 힘든 순간을 대하는 태도에서 선명하게 드러납니다. 자신의 가치가 무엇인지 모르는 채 힘든 순간 만나는 부정적인 감정을 피하려는 행동만 반복하면 우리는 자기 자신과 괴리감을 느낍니다. 그 괴리감은 부정적인 감정을 대하는 태도에 무언가 잘못된 점이 있음을 알려줍니다. 부정적인 감정과 줄다리기를 할수록 자기 자신의 가치와 멀어지기 때문에 줄을 놓아버리는 것이 필요함을 일깨웁니다.

자신의 가치가 무엇인지 분명하게 인식하기 위해서는 부정적인 감정을 경험할 때마다 습관적으로 반복해 온 행동들을 살펴보아야 합니다. 삶에서 불안, 우울과 같은 부정적인 감정을 경험하는 순간을 찾고 그 순간 자신이 주로 선택해 온 행동들을 돌아보는 것이 필요합니다. 만약 그 행동이 단지 부정적인 감정을 통제하거나 벗어나기 위한 것이었다면 가치를 찾는 여정에서 그 행동은 더 이상 의미를 갖기 힘듭니다.

경험하기 두려운 감정을 피하고자 해온 행동들이 가치를 찾기 위한 새로운 행동에 도전할 기회를 억압하고 있음을 깨닫는 것이 수용-전념 치료에서 이야기하는 '창조적 절망감'입니다(Hayes & Strosahl, 2015). '창조적 절망감'은 부정적인 감정을 경험하지 않기 위해 한 행동들이 단기적으로는 효과가 있지만 가치를 향한 삶의 장기적인 여정에는 도움이 되지 않음을 말해줍니다. 삶의 가치를 찾는 일은 쉽지 않지만 한 번뿐인 삶을 행복하게 살기 위해서는 꼭 필요합니다. 스스로 행복해질 수 있는 가치를 찾고 그 가치를 실현해 가는 것은 어른에게도 어려운 일이기 때문에 어려서부터 자신의 가치가 무엇인지 고민하는 경험은 중요합니다. 수용-전념 치료의 목표인 자신의 감정을 수용하고 나만의 가치를 찾아 전념할 수 있는 심리적 유연성은 수많은 시행착오를 거쳐 내면화되기 때문입니다. 앞서 이야기한 '창조적 절망감'은 부정적인 감정, 생각, 그리고 기억들에 벗어나기 위한 습관적인 행동과 삶의 가치를 실현해 나가는 생동감 있는 선택을 구분할 수 있도록 도와줍니다. 교실에서 아이들과 창조적 절망감을 경험할 수 있는 연습을 소개합니다((Hayes & Smith, 2005).

경험적 연습 15 · 습관과 선택

1. 요즘 가장 스트레스를 많이 받는 상황을 떠올리고, 그 상황에서 어떤 감정을 느꼈는지 써봅니다.

2. 어떤 방법으로 스트레스를 해결하려고 했는지 생각해 보고 해결 방법에 대해 적어봅니다.

3. 그 행동을 했을 때 기분이 나아졌는지 '단기 효과'에 체크해 봅니다. 또 시간이 지났을 때 그 행동으로 얼마나 기분이 나아졌는지 '장기 효과'에 체크해 봅니다.

상황					
나의 감정					
해결 방법					
단기 효과	효과 없음				효과적임
	1	2	3	4	5
장기 효과	효과 없음				효과적임
	1	2	3	4	5

※ Hayes, S. C., & Smith, S.(2010). 마음에서 빠져나와 삶 속으로 들어가라: 새로운 수용전념치료. 문현미 민병배 역. 서울: 학지사. '대처전략일지' 참고

아이들이 선택한 장기 효과가 높은 행동의 공통점은 스트레스를 받는 상황과 관련된 행동을 하는 데 있었습니다. 예를 들어, 친한 친구와 싸워서 마음이 불편할 때 용기를 내어 그 친구와 대화를 시도한 행동이 휴대전화를 보거나 노래를 듣는 것과같이 불편한 마음을 피하려고 한 행동보다 장기적으로 마음이 더 편해졌다는 응답

이 많았습니다. 마찬가지로, 학업 스트레스로 마음이 불편할 때 조금이라도 공부하는 것이 TV를 보거나 게임을 하는 것보다 장기적으로 마음이 편해진다고 한 응답의 비율이 높았습니다. 부정적인 감정을 피하기 위한 습관적인 행동들이 가치와 관련된 행동을 하는 힘과 시간을 가져갔다는 것을 인식하면 아이들은 창조적 절망감을 경험할 수 있습니다.

습관적인 행동을 하지 않으면 우리는 당장 무엇을 해야 할지 알 수 없게 됩니다. 오랜 시간 부정적인 감정과 싸우는 행동을 반복해 왔기 때문에 그 행동을 하지 않을 때 무엇으로 힘든 순간을 대할지 알 수 없어 불안합니다. 이때 창조적 절망감은 우리에게 부정적인 감정과 싸워온 익숙한 행동 패턴을 포기할 수 있는 계기를 제공합니다. 부정적인 감정을 경험하지 않으려고 애쓰는 대신, 자기 삶의 가치가 무엇이고 행복해지기 위해 어떤 것을 해야 하는지 고민할 수 있도록 도와줍니다.

창조적 절망감은 습관과 선택을 구분하는 기준점이 됩니다. 부정적인 감정을 피하기 위한 습관들이 나의 행동을 결정해 왔음을 깨달았을 때, 우리는 지금까지와는 다른 행동을 선택하고 싶은 마음을 경험합니다. 이때 삶의 가치는 습관이 아닌 선택을 할 수 있는 새로운 출발점이 됩니다. 삶의 가치와 관련된 행동을 할 때 우리는 습관이 주는 안도감이 아닌 선택이 주는 생동감을 느낍니다. 이 생동감은 창조적 절망감이 우리에게 주는 선물이며 새로운 가치를 찾는 여정의 시작이 됩니다.

03 나를 불편하게 하는 감정은 삶의 가치를 일깨운다

삶의 가치를 찾는 새로운 행동은 우리에게 낯설고 불편한 감정을 경험하게 합니다. 새로운 행동을 시도할 때 우리는 실패에 대한 두려움, 무엇을 해야 할지 모르는 막막함, 성공할 것 같지도 않은데 괜히 애만 쓰는 것 같은 회의감 등 불편한 감정을 경험합니다. 두려움, 막막함, 회의감과 같은 불편한 감정은 삶의 가치를 찾는 새로운 도전을 주저하게 합니다.

불편한 마음과 싸우지 않고 그 마음을 수용할 수 있다면 삶의 가치를 찾는 새로운 행동에 좀 더 주의를 기울일 수 있지 않을까요? 수용-전념 치료에서는 불안, 우울과 같은 불편한 감정을 경험할 때 그 감정에서 벗어나거나 통제하려고 하지 말고 있는 그대로 받아들이라고 이야기합니다(이선영, 2017).

불편한 마음과 싸우지 말고 수용하면 그 마음과 싸우는 데 쓴 시간과 힘을 삶의 가치를 찾는 데 쓸 수 있다고 말합니다. 이때 중요한 것은 두려움, 막막함, 회의감과 같은 부정적인 감정을 애써 괜찮다고 위로하는 것이 아니라 온전히 경험하는 데 있습니다. 그 감정들을 온전하게 경험해야 우리는 그 감정들을 대하는 나름의 솔직한 방법들을 배울 수 있습니다. 불편한 감정에서 벗어나거나 통제하는 것과 감정을 온전하게 수용하는 것의 차이는 그것을 경험할 때만 느낄 수 있습니다.

새로운 행동에 도전하는 것을 주저하게 하는 감정을 수용한 경험은 삶의 가치를 찾는 출발선상에 있는 아이들의 마음을 살펴볼 수 있는 연결점을 제공합니다.

주저하는 아이들을 포착할 수 있도록 도와주고, 그 아이들을 따뜻하게 지지할 수 있도록 해줍니다. 교사의 경험에서 우러나온 격려의 말은 아이들에게 자신의 감정을 솔직하게 들여다볼 수 있는 용기를 심어줍니다. 삶의 가치를 찾는 새로운 행동에 도전하는 길목에서 자신의 감정을 솔직하게 들여다볼 수 있는 경험적 연습을 소개합니다.

1. 살면서 하고 싶었지만, 하지 못했던 도전을 생각해 봅니다.

2. 그 도전을 주저하게 한 감정들을 떠올려 봅니다. 그 감정들은 실패에 대한 두려움일 수도 있고, 어떤 것부터 시작해야 할지 모를 막막함일 수도 있으며, 괜한 일을 벌이는 것은 아닌가 하는 자격지심일 수도 있습니다.

3. 눈을 감고, 하지 못한 도전과 그때의 감정을 천천히 되살려 봅니다. 도전을 주저하게 한 감정들이 떠오르면, 그 감정들을 외면하지 말고 있는 그대로 수용해 봅니다.

부정적인 감정을 수용하는 것이 현명한 일임을 알아도 쉽게 하지 못하는 이유는 그 감정이 외면하고 싶을 만큼 아프고 힘들기 때문입니다. 삶의 가치를 찾는 새로운 행동을 할 때 경험하는 막막함, 두려움과 같은 감정들은 지속해서 나를 주저앉게 합니다. 현실적인 문제들과 고민으로 인한 부정적인 감정은 과거의 익숙한 행동 패턴으로 나를 피하게 하고 싶지만 그렇게 된다면 삶의 가치는 발견할수 없습니다. 나를 주저하게 하는 감정을 수용할 때, 우리는 삶의 가치를 찾는 여정을 시작할 수 있습니다.

새로운 행동을 주저하게 하는 감정을 있는 그대로 수용하면 자신이 무엇으로 힘든지 알아차릴 수 있습니다. 자신을 주저하게 하는 감정들을 막연하게 회피하기만 할 때와는 다르게, 그 감정들이 나에게 주는 영향을 온전히 경험할 수 있습니다. 한쪽 가슴이 무겁게 내려앉는 것 같기도 하고, 길이 보이지 않아 마음이 한없이 답답해지기도 합니다. 이때, 나를 주저하게 하는 감정들을 온전하게 수용하는 것이 삶의 가치를 찾는 여정에서 꼭 필요함을 경험하게 됩니다. 나를 힘들게 하는 감정을 수용함으로써 그 감정으로 온전히 아파본 경험은 역설적으로 더 이상 그 감정을 피하지 않고 맞닥뜨릴 수 있는 용기를 주기 때문입니다. 그 용기는 우리 삶의 목적지가 부정적인 감정들과 싸우는 것이 아니라 그 감정들과 함께 가치를 찾는 데 있음을 일깨웁니다.

삶의 가치를 찾는 여정에서 찾아오는 두려움, 막막함, 회의감과 같은 감정을 수용한다고 해서 그 감정들로 인한 아픔까지 사라지게 하지 않습니다. 다만 수용은 그 감정을 외면하고 싶을 만큼 힘이 들 때 나를 따뜻하게 안아줄 수 있도록 도와줍니다. 불안, 두려움, 막막함과 같은 감정들을 피하지 않고 온전히 수용한 경험은 그 감정들이 얼마만큼 우리를 아프게 하는지 알 수 있게 하기 때문입니다. 수용은 불편한 감정과 함께 삶의 가치를 찾는 모두를 진심으로 응원할 수 있도록 도와줍니다.

우리가 삶의 가치를 찾는 목표는 한 번뿐인 삶을 자기 모습 그대로 행복하게 살아갈 수 있도록 도와주는 데 있습니다. 그 과정에서 우리는 지금까지와는 다른 행동을 하게 되고, 두려움, 불안, 막막함과 같은 우리를 불편하게 하는 감정을 경험합니다. 이처럼 우리를 불편하게 하는 감정은 삶의 가치를 일깨웁니다. 그 감정을 온전히 수용할 때, 자신의 인생을 미리 단정 짓지 않고 삶은 만들어 가는 한 과정이며 그 과정의 우리 자신이 존재하고 있음을 인식할 수 있습니다.

04 | FEAR 넘어가기

수용–전념 치료에서 이야기하는 FEAR는 융합(Fusion), 평가(Evaluation), 회피(Avoidance), 그리고 이유 대기(Reason Giving)로 구성됩니다(Hayes & Strosahl, 2015). 부정적인 생각을 지금 이 순간에 일어나는 단 하나의 현실이라고 믿고 그 생각을 끊임없이 평가하고 회피하며 그 평가와 회피에 대한 이유를 찾는데 몰두할 때, FEAR는 삶의 여정을 시작하는 도전을 가로막는 걸림돌이 됩니다.

삶의 가치를 찾는 여정을 주저하게 하는 FEAR를 넘어서기 위해서는 부정적인 생각으로 흔들릴 때 중심을 잡을 수 있는 더 큰 나를 발견하는 것이 필요합니다. 나를 붙잡고 있는 생각과의 싸움과 거리를 두려면 그 생각이 맞는지 틀리는지 논쟁하는 것이 아니라 그 생각이 지금 이 순간 나의 삶에 어떤 영향을 끼치고 있는지 살펴보아야 합니다. 부정적인 생각과의 싸움이 내가 지향하는 삶의 가치인지, 삶의 가치를 찾는 여정의 일부분인지 구별하는 것은 그 생각이 불러일으킨 FEAR를 넘어서는 데 중요한 역할을 합니다. 부정적인 생각으로 흔들릴 때 더 큰 나로 중심을 잡을 수 있는 경험적 연습을 소개합니다(이선영, 2017).

경험적 연습 17 · 흑과 백

1. 종이를 반으로 접습니다.

2. 한쪽 위에는 흑을, 다른 한쪽 위에는 백을 적습니다.

3. 종이를 반으로 접고, 흑이라고 쓴 종이 위에 스스로가 작아보였거나 부끄럽던 경험을 적습니다. 잘못을 숨기기 위해 거짓말을 했다거나, 감정을 주체 못 해 어리석은 실수를 한 것과 같은 경험을 솔직하게 적어봅니다.

4. 백이라고 쓴 종이 위에는 스스로가 자랑스럽던 경험을 적습니다. 스스로 한 실수에 책임을 졌거나, 솔선수범해서 다른 사람을 도와준 일 등을 적습니다.

5. 흑과 백을 모두 솔직하게 썼으면 펼쳐서 전체를 바라봅니다.

6. 나에게는 흑이라고 쓴 종이에 쓴 것처럼 부끄럽고 감추고 싶은 모습도 있지만, 백이라고 쓴 종이에 쓴 것과 같이 자랑스러운 모습도 있음을 기억합니다.

※ 이선영(2017). (꼭 알고 싶은) 수용—전념 치료의 모든 것.
서울: 소울메이트. '연습 7) 나는 흑일까요? 백일까요?' 참고

새로운 도전을 시작할 때 우리는 설렘과 불안을 동시에 경험합니

다. 오랜 시간 꿈꿔온 일을 하게 되어서 설레기도 하지만, 익숙한 삶의 방식에서 벗어나 불안하기도 합니다. 특히 처음 생각한 것보다 일이 잘 풀리지 않을 때 우리는 실패할 수도 있을 것 같다는 부정적인 생각에 사로잡힙니다. 괜한 일을 벌인 것은 아닌가 하는 후회가 들면서 그 일을 끝까지 해낼 수 없을 것 같은 회의감이 엄습합니다. 시작할 때의 설렘은 점점 옅어지고, 지금 이 순간 경험하는 불안은 더욱 선명해집니다.

앞서 소개한 '흑과 백' 연습은 부정적인 생각과 감정으로 흔들릴 때 자신을 전체적으로 조망할 수 있도록 도와줍니다. 나에게는 부끄럽고 감추고 싶은 흑의 모습과 자랑하고 싶을 만큼 멋진 백의 모습이 함께 있음을 인식하는 경험은 한순간 떠오른 부정적인 생각이 내 자신의 전부가 아님을 알아차릴 수 있도록 합니다. 또 새로운 도전으로 설레던 나를 기억할 수 있게 해줍니다. 불안함, 회의감과 막막함으로 마음이 힘듦에도 새로운 도전을 하게 된 이유는 그 도전이 나에게 가치가 있기 때문임을 일깨웁니다. 부정적인 생각을 평가하고 회피하면서 결정을 미루지 않게 도와줍니다. 부정적인 생각을 좋아하게 해주진 않지만 적어도 그것 때문에 삶의 가치를 찾는 새로운 행동에 도전하는 것을 피하지 않게 합니다.

자신의 가치가 무엇인지 알기 위해서는 그 가치와 관련된 목표를 끝까지 마무리한 경험이 필요합니다. 실제로 가치를 실현하기 위한 노력을 하다 보면 막연히 상상하던 것보다 더 힘들고 고통스러울 수 있습니다. 시험 결과가 두려워서 시험을 치르지 않으면 결과를 알 수 없는 것처럼, 가치를 찾는 여정이 힘겨워 중간에 포기하면 우리는 자기 삶의 가치가 무엇인지 알 수 없습니다. FEAR를 넘어선다는 건 삶의 가치를 향한 여정에서 자기 자신에 대한 확신이 부족해서 스스로 보잘것없어 보일 때에도 그 여정을 계속할 수 있음을 의미합니다.

삶의 가치를 찾는 도전을 가로막는 FEAR를 흑과 백을 품은 더 큰 나로 넘어설 때, 우리는 가치를 향한 여정을 끝까지 마무리할 힘을 기를 수 있습니다. 과정이 힘이 들어 불안하고 막막할 때도, 결과가 내가 생각한 것보다 마음에 들지 않을 것 같다는 전망에도, 부정적인 생각과 감정과의 싸움에 주저앉지 않고 가치를 찾는 여정에 나아갈 수 있습니다. 그 여정의 끝에서 우리는 자기 삶의 가치가 무엇인지 더 명확하게 인식할 수 있습니다.

05 | 삶의 가치 찾기

지금까지 삶의 가치를 찾는 새로운 행동에서 비롯되는 불편한 감정들을 대하는 방법들에 대해 알아보았습니다. 삶의 가치를 찾는 여정에서 만나는 낯설고 불편한 감정을 수용하고 흔들릴 때 가치를 향한 여정을 끝까지 마무리할 수 있도록 더 큰 나로 중심을 잡는 법을 살펴보았습니다. 이처럼 삶의 가치를 찾는 여정은 낯설고 불편한 감정들을 만나게 하며 익숙한 삶의 패턴에서는 하지 않아도 될 노력을 하게 합니다. 삶의 가치를 찾는 새로운 행동이 낯설고 불편한 감정을 경험하게 하는데도 삶의 가치를 찾아야 하는 이유는 무엇일까요?

삶의 가치를 찾는 이유는 행복하고 생동감 있는 삶을 살기 위해서입니다. 수용-전념 치료에서 이야기하는 가치는 내가 추구하는 삶의 방향으로 선택의 순간에 나의 행동에 영향을 줍니다(이선영, 2017). 우리는 태어나면서 죽을 때까지 많은 선택을 합니다. 삶의 가치는 그 선택을 습관과 구별하는 역할을 합니다.

선택의 순간에 지금 이 순간 정말로 원하는 것이 무엇인지 돌아보고 익숙한 삶의 패턴에서 벗어나 새로운 행동에 도전할 수 있는 계기를 제공합니다. 가치는 인생의 중요한 선택의 순간에 자기 자신을 전체적으로 조망할 수 있도록 함으로써 지금 이 순간 자신이 정말로 원하는 것이 무엇인지 알고 행동할 수 있게 도와줍니다.

가치는 우리가 흔들리고 약해질 때 방향을 잡을 수 있도록 길을 비춰주는 등대와 같습니다. 가치를 향한 여정에서 우리는 실패를 경험할 수도 있고 자기 자신에 대해 실망할 수도 있습니다. 계속되는 걱정거리에 밤잠을 설칠 수 있고 감당할 수 없을 것 같아 놓아버리고 싶기도 합니다. 삶의 가치는 불확실한 일에 도전할 때 경험하는 불안과 같은 불편한 감정이 자신의 선택이었음을 일깨워 줍니다. 불안, 실망과 같은 불편한 감정들이 삶의 가치를 찾는 새로운 행동하는 과정에서 찾아왔음을 돌아볼 수 있게 합니다. 이처럼, 가치는 불편한 감정과 함께 자신이 선택한 여정을 끝까지 마무리할 수 있도록 길을 비춰주는 등대의 역할을 합니다.

삶의 전환점이 되는 선택을 하는 계기는 삶이 영원하지 않으며 언젠가는 죽음으로 끝을 맺는다는 사실을 강하게 경험하는 데서 출발합니다. 주어진 생은 한 번이며 그 생을 지금까지 반복된 일상으로 채우기에는 허전하고 후회가 된다고 느낄 때 자신이 정말로 중요하게 여기는 것이 무엇인지 찾기 시작합니다. 주어진 삶을 다 살고 나서 자신의 묘비에 적을 이야기를 미리 그려보는 것은 삶의 가치를 찾는 데 도움이 됩니다. 바쁜 일상에서 잠시 비켜나서 자신이 가치를 둔 일이 무엇인지 살펴볼 수 있는 경험적 연습을 소개합니다(Hayes & Smith, 2010).

경험적 연습 18 · 나의 묘비명

1. 이번 생에서 자신에게 주어진 시간을 모두 사용하고 죽음을 앞두었다고 상상해 봅니다. 학창 시절을 거쳐 직업을 찾고 사랑하는 사람을 만나 가정을 꾸리고 은퇴해서 여생을 보낸 모습을 상상해 봅니다.

2. 자신의 묘비명에 남기고 싶은 말이 무엇일지 생각해 봅니다. 이번 생에서 가족과 친구와 어떤 관계를 맺고 싶은지, 어떤 직업을 얻고 무엇을 취미로 삼아 행복한 시간을 만들어 갈지 써봅니다. 기타에는 가족, 친구, 직업, 취미 외에 이번 생에서 이루고 싶은 가치를 적어봅니다.

영역	가치
가족	
친구	
직업	
취미	
기타	

3. 묘비명에 적힌 가치대로 이번 생을 살았을 때 자기 모습이 어떠할지 상상해 봅니다.

4. 지금 자기 모습이 그 묘비명에 적힌 가치대로 살고 있는지 돌아봅니다. 이번 생에서 이루고 싶은 가치를 방해하는 지금 나의 모습은 어떤 것이 있나요?

※ Hayes, S. C., & Smith, S.(2010). 마음에서 빠져나와 삶 속으로 들어가라: 새로운 수용전념치료. 문현미 민병배 역. 서울: 학지사. '당신의 비문' 참고.

교실에서 '나의 묘비명' 연습을 해보면 많은 아이가 쉽게 자신의 가치를 적지 못합니다. 평소 진정으로 원하는 것이 무엇인지 생각해 볼 기회가 많지 않았기 때문입니다. 무엇을 적어야 할지 모르는 아이들에게 어떤 것이라도 써보라고 채근하는 것은 큰 도움이 되지 않습니다. 빈칸을 채워야 한다는 생각에 솔직한 자기 생각을 쓰기보다 주변 사람들이 바람직하다고 여기는 사회적 기준에 맞는 가치들을 적을 가능성이 크기 때문입니다. 빈칸을 채우는 것보다 중요한 것은 평소 자신의 가치가 무엇인지 생각하는 시간이 많지 않았다는 자각입니다. 눈앞의 빈칸을 두고 자신의 가치가 무엇인지 고민하는 진지한 고민이 삶의 가치를 찾는 출발점이 됩니다.

묘비명에 적을 가치에 따라 살지 못하는 이유 중 하나는 망설임입니다. 삶의 가치를 향한 새로운 도전이 불러오는 불편한 감정들이 두려워 시작하지 못하고 망설이는 경우가 많습니다. 익숙한 삶의 영역에서는 경험하지 않아도 될 불안, 실망과 같은 감정들은 가치를 향한 새로운 도전을 하는 것을 주저하게 합니다.

'나의 묘비명' 연습으로 자신의 인생을 미리 그려본 경험은 가치를 찾는 여정이 불러오는 불편한 감정에 주저하는 것이 현명하지 않다는 것을 일깨웁니다. 불안, 실망과 같은 불편한 감정이 두려워서 가치를 향한 도전을 주저하기에는 이번 생에 주어진 시간이 너무도 소중하기 때문입니다. '나의 묘비명' 연습은 삶의 가치를 찾는 여정에 기꺼이 도전해 볼 수 있는 용기를 줍니다.

가치를 찾는 행동도 연습이 필요합니다. 목표를 향한 도전은 성공할 수도, 실패할 수도 있지만, 가치를 향한 여정은 그 자체가 성공입니다. 삶의 가치를 찾는 새로운 여정을 시작하는 출발점에서 찾아오는 망설임을 수용하고, 그 여정이 불러오는 낯선 감정들과 함께 여정을 끝까지 마무리할 수 있다면, 자기 삶의 가치가 무엇인지 더 명확하게 인식할 수 있습니다. 수많은 시행착오를 거쳐 자신의 가치를 찾은 경험은 삶을 더욱 풍요롭고 생동감 있게 만듭니다.

06 생각은 먼지 하나도 움직일 수 없지만 행동은 적어도 나를 움직인다

가치는 행동으로 실천될 때 완성됩니다. 가치를 찾는 도전은 그 자체로도 의미가 있지만 실제로 가치 있는 삶을 살기 위해서는 생각이 아닌 행동이 필요합니다. '전념 행동(Committed Actions)'은 수용-전념 치료의 주요 과정 중 하나로 자신이 정한 가치 있는 삶의 방향으로 행동하는 것을 말합니다((Luoma, Hayes & Walser, 2012).

삶의 가치가 보물 지도라면, 전념 행동은 그 지도를 따라 보물 상자를 하나씩 열어보는 과정입니다.

보물은 우리의 생각과 다른 모습을 할 수 있지만, 보물 상자를 여는 경험 자체가 보물이 우리에게 주는 선물입니다. 보물 상자를 용기 있게 열어 본 경험은 삶의 주도권이 다른 사람 또는 마음이 아니라 자기 자신에게 있음을 일깨워 주기 때문입니다. 이 경험은 삶의 가치가 가리키는 낯선 방향으로 기꺼이 한 발짝 내디딜 수 있어야 한 번뿐인 삶을 의식적인 존재로서 자유롭게 살아갈 수 있음을 알려줍니다.

삶의 가치에 전념하는 행동은 많은 용기가 필요합니다. 전념 행동이 모두 성공적인 결과를 보장하지 않기에 뜻하지 않은 실패를 경험할 수 있습니다. 또, 현실적인 조건 때문에 자신이 추구하는 가치의 방향으로 도저히 행동할 수 없는 상황이 발생하기도 합니다. 익숙한 삶의 영역에서 벗어나 삶의 가치를 향한 낯선 여정에서 만나는 불안, 두려움과 같은 감정들도 전념 행동을 하는 데 방해물이 됩니다. 가치 있는 방향으로 행동하기 위해 작지만, 할 수 있는 것을 하는 것이 전념 행동을 시작하는 출발점이 됩니다. 전념 행동은 가치 있는 방향으로 행동하는 과정에서 지금 이 순간 진정으로 내가 하고 싶은 것이 무엇인지 깨달을 수 있도록 도와줍니다. 도전에 관한 결과를 알 수도 없고 낯선 감정으로 불편하기도 하지만 삶의 가치를 향한 미지의 영역으로 나아갈 수 있는 용기를 심어줍니다.

교실에서 아이들과 함께 생활하다 보면 미성숙한 말과 행동에 상처받는 경우가 많습니다. 철없는 말과 행동에 마음이 몽당연필처럼 닳으면 아이들을 가르치는 일이 큰 부담으로 다가옵니다. 정신 없는 하루하루가 영원히 반복될 것만 같고 상황을 해결하기 위해 할 수 있는 일이 없는 것 같아 자괴감에 빠져서 무기력해지기도 합니다. 특히, 초등학교 교사라는 직업을 소중하고 가치 있게 여기는 선생님일수록 아이들과의 관계에서 어려움을 겪는 자신을 무능력하다고 탓하는 경우가 많습니다.

자괴감에 빠져서 무기력해지지 않기 위해서는 힘든 순간에 있는 자기 자신을 따뜻하게 안아줄 수 있어야 합니다. 마음이 지치고 힘이 들 때 잘잘못을 따지고 자책하는 것에 익숙해지면 자신의 감정을 충분히 살피지 못합니다. 자신의 감정을 수용할 수 있어야 다른 사람의 감정도 받아들일 수 있는 여유가 생깁니다. 선한 의도로 행동했다고 하더라도 좋지 않은 결과가 생길 수 있고 최선을 다해도 원하는 것을 얻지 못하는 경우가 있음을 받아들일 수 있습니다.

불안, 두려움과 같은 힘든 감정을 느끼는 순간의 자신을 따뜻하게 보듬어 준 경험은 자기 자신에게만 향해 있던 시선에서 벗어나 아이들이 어떤 감정을 느끼고 있을지 살펴볼 수 있도록 합니다. 불편한 마음으로 힘들어하고 있는 아이들이 눈에 들어옵니다. 마음과의 싸움에서 빠져나와 지금 이 순간 함께 있는 사람에게 집중하는 경험은 지금까지와는 다른 선택을 할 수 있는 계기를 제공합니다. 잘잘못을 떠나서 '지금 마음이 어떠니?' 또는 '괜찮니?'라고 물어볼 수 있는 마음의 공간을 만들어 줍니다.

'가치'는 흔들릴 때 중심을 잡을 수 있도록 도와주며, '전념 행동'은 가치에 따라 자기 행동을 선택하는 것을 의미합니다. 모두 존중받는 교실을 만드는 것이 가치라면 그 가치에 따라 아이들에게 진심으로 행동하는 것이 전념 행동입니다. 최선을 다하는데도 아이들이 쉽게 바뀌지 않아서 실망할 수 있겠지만 가치는 전념 행동을 계속할 수 있는 원동력이 되어줍니다. 존중은 스스로 선택한 가치이기 때문에 아이들이 자신의 바람과 다르게 행동하더라도 실망하지 않고 지금 이 순간 할 수 있는 최선의 선택을 할 수 있도록 도와줍니다.

'가치'와 '전념 행동'은 마음과의 싸움에 쓰는 시간과 힘을 지금 이 순간에 할 수 있는 행동을 하는 데 쓸 수 있도록 도와줌으로써, 삶의 선택권을 자기 자신에게 가져올 수 있도록 합니다. 심리적으로 불안정하고 고통스러운 순간에 자신을 탓하며 무기력에 빠지지 않고 현실적으로 할 수 있는 행동을 선택할 수 있도록 도와줍니다. 이처럼, 자신의 가치에 전념해서 행동해 본 경험을 통해 생각은 먼지 하나도 움직일 수 없지만 행동은 적어도 자기 자신을 움직일 수 있음을 깨닫게 됩니다.

에필로그 | 아플 때 필요한 건 자책이 아니라 위로다.

다른 사람을 진정으로 위로할 수 있으려면 자기 자신의 아픔을 따뜻하게 보듬을 수 있어야 합니다. 수용-전념 치료에서는 불안, 우울과 같은 부정적인 감정을 모든 사람이 경험하는 보편적인 감정이라고 이야기합니다(Smith & Hayes, 2010).

능력이나 의지에 상관없이 사람이라면 누구나 부정적인 감정을 경험한다는 수용-전념 치료의 메시지는 심리적으로 고통스러운 순간에 자신을 탓하지 않고 따뜻하게 위로할 수 있도록 도와줍니다. 불안, 우울과 같은 부정적인 감정을 경험하는 것이 자기 잘못이 아니기 때문에 고통을 견딜 만한 것으로 만들기 위해서 원인을 찾고 이유를 만드는 것이 그 감정들을 대하는 올바른 방법이 아님을 일깨웁니다. 자신을 탓하지 않고 따뜻하게 안아준 경험은 불안, 우울과 같이 그동안 문제라고 생각해서 외면한 감정들을 마주할 수 있는 용기를 줍니다.

마음이 아플 때 필요한 건 자책이 아니라 위로입니다. 위로는 부정적인 감정이 자기 잘못이 아니며 혼자만 겪고 있는 일이 아님을 경험하는 데서 출발합니다. 자책하지 않고 위로할 수 있어야 우리는 자신을 괴롭혀 온 감정들을 수용할 수 있습니다. '수용'은 불편한 생각, 감정, 그리고 기억들에서 벗어나거나 통제하기 위해 쓰는 시간과 힘을 지금 이 순간 원하는 삶을 살아갈 수 있는 선택을 하는데 쓸 수 있도록 도와줍니다. 부정적인 감정들에게 머무르는 시선을 돌려 지금 이 순간 숨어 있는 작은 변화의 씨앗을 알아차릴 수 있는 계기를 제공합니다.

불편한 감정, 생각, 그리고 기억과의 싸움을 그만두고 지금 이 순간 행복한 삶을 살아가라는 메시지는 '포기' 또는 '합리화'로 들릴 수 있습니다. 근본적인 문제는 해결하지 않은 채 애써 괜찮다고 자신을 속이는 것처럼 여겨지기도 합니다. '수용'은 불편한 생각, 감정, 그리고 기억을 외면하거나 아프지 않다고 속이는 것을 의미하지 않습니다. 지금 이 순간 마주하고 싶지 않은 감정, 생각, 그리고 기억을 있는 그대로 바라보면서 그것들이 자신에게 주는 메시지를 귀기울여 듣는 것이 '수용'입니다. 그것에 귀 기울이면 자신이 어떤 사람인지 분명하게 인식할 수 있습니다. '수용'은 자기 모습을 있는 그대로 받아들일 수 있도록 도와주며 마음과의 싸움에서 빠져나와 지금 이 순간에 온전히 집중할 수 있도록 합니다.

자신이 바뀐 경험은 다른 사람도 변화할 수 있다는 믿음을 심어 줍니다. 자기 자신을 따뜻하게 안아주며 위로받은 경험은 힘든 순간에 있는 아이들도 똑같은 위로를 받기를 진심으로 바라게 합니다. 진심은 서로에 대한 의심을 지우고 자신의 마음을 상대방이 받아들일 때까지 기다릴 수 있도록 안심시켜 줍니다. 아이와의 관계가 마음처럼 되지 않을 때 좀 더 기다릴 수 있도록 여유를 줍니다.

이 책을 읽은 모든 분이 마음이 힘든 순간에 자신을 탓하지 않고 스스로 따뜻하게 안아줄 수 있기를 기원합니다.

참고 도서

- 이선영. (꼭 알고 싶은) 수용-전념 치료의 모든 것. 서울: 소울메이트, 2017.

- Hayes, Steven C. 마음에서 빠져나와 삶 속으로 들어가라. 서울: 학지사, 2010.

- Luoma, Jason B. 수용전념치료 배우기. 서울: 학지사, 2012.

- Wilson, Kelly G. (수용전념치료에서 내담자와 치료자를 위한) 마음 챙김. 서울: 학지사, 2013.

- Hayes, Steven C. 수용전념치료. 서울: 학지사, 2015.

- 수용-전념 상담사 training 자료집, 2023. 서울: 서울 수용과 전념 치료 연구소.

참고 논문

- 민인경(2017). 수용-전념 집단상담 프로그램이 아동의 완벽주의와 경험회피 감소에 미치는 효과. 석사학위논문. 서울교육대학교

- 이수연(2016). 수용-전념 상담 프로그램이 초등학교 아동의 스트레스 감소 및 심리적 안녕감에 미치는 효과. 석사학위논문. 서울교육대학교.

memo

memo

memo